Die Autorin: Britta Wulf (* 1964 in Potsdam) studierte an der Filmhochschule Potsdam. Arbeitet seitdem als freie Fernsehjournalistin und Regisseurin. Sie hat zwei erwachsene Kinder und lebt im Havelland. Von dort zieht es sie immer wieder für Filmprojekte in andere Länder. So dreht sie seit einigen Jahren Filme über Minderheiten. In Sibirien suchte ihr Filmteam Spuren der Kultur der Ewenken in der Baikalsee-Region. Das Interesse zielt bei der Filmreihe besonders auf Menschen, die Sprache und Traditionen kleiner Gruppen bewahren wollen.

Das Buch: Während einer Reise für ein Filmprojekt in Sibirien knüpft eine Frau zarte Bande zu einem Einheimischen. So wird aus der Reisereportage der Autorin Britta Wulf allmählich eine persönliche Liebesgeschichte zu dem am Baikalsee lebenden Anatoli. Zwei sehr verschiedene Menschen aus ganz unterschiedlichen Kulturen tasten sich langsam an eine verrückte Fernbeziehung heran, denn immerhin liegen fast 8000 Kilometer zwischen ihnen.

Die Reise nach Sibirien war für Britta Wulf eine besondere Reise. Verzaubert von Land und Leuten kam sie zurück und wurde davon überrascht, dass auch sie jemanden bezaubert hatte. Der Sibirier Anatoli hatte sich in sie verliebt. Wie sich diese Beziehung weiterentwickelt hat und welche Erlebnisse sie bei zwei weiteren Reisen an den Baikalsee machte, hat sie in diesem Buch festgehalten. Denn immer wieder merkt sie, dass Freunde und Bekannte sehr interessiert an ihrer Geschichte sind.

Ein Buch für Leser, die Sehnsucht nach Abenteuer und Liebe haben, und für Menschen, die sich für Russland und Sibirien interessieren.

BRITTA WULF

Das Rentier in der Küche

EINE DEUTSCH-SIBIRISCHE LIEBE

solibro

solibro originär

1. Timmerberg, Helge:
   Tiger fressen keine Yogis. Stories von unterwegs
   Mit einem Vorwort von Sibylle Berg.
   Münster: Solibro 16. Aufl. 2020 (2001)
   ISBN 978-3-932927-22-5 (Druck) 978-3-932927-70-6 (eBook)
2. Altmann, Andreas:
   Getrieben. Stories aus der weiten wilden Welt
   Münster: Solibro Verlag 1. Aufl. 2005 (gebunden)
   ISBN 3-932927-25-7
3. Altmann, Andreas:
   Getrieben. Stories aus der weiten wilden Welt
   Münster: Solibro Verlag 1. Aufl. 2012 (Broschur)
   ISBN 978-3-932927-49-2
4. Wulf, Britta:
   Das Rentier in der Küche. Eine deutsch-sibirische Liebe
   Münster: Solibro 6. Aufl. 2023
   ISBN 978-3-96079-015-0 (Druck) 978-3-96079-016-7 (eBook)
5. Wulf, Britta:
   Und der Schamane lacht. Verliebt in Sibirien
   Münster: Solibro 2. Aufl. 2019
   ISBN 978-3-96079-047-1 (Druck) 978-3-96079-048-8 (eBook)

ISBN 978-3-96079-015-0

6. Auflage 2023 / Originalausgabe
© SOLIBRO® Verlag, Münster 2016 (Jüdefelderstr. 31 • 48143 Münster)
Alle Rechte vorbehalten • Kontakt Produktsicherheit: GPSR@solibro.de

Umschlaggestaltung: *Michael Rühle, Wolfgang Neumann*
Titelbild, Bilder Innenteil: © *Britta Wulf,* außer:
Briefmarke S. 153: *Russland, Vladimir Vysotsky, 1999, 2 r. Künstler: Andrei Sdobnikov (https://commons.wikimedia.org/w/index.php?curid=2842573)*
Bilder S. 14 o., 21, 90, 102, 126, 157, 179 o., 203, 208, 211: *privat*
Autorenfoto S. 2: *Linda Köhler-Sandring*
Karten Umschlaginnenseiten: *Dirk Hennig*
Gedruckt in Deutschland.

verlegt. gefunden. gelesen.   **www.solibro.de**

*für Vanessa, Vincent und Tolja,
die wichtigsten Menschen in meinem Leben*

Manch einer muß weit reisen, um sein Glück zu finden... Und wer so mutig ist wie Du wird dafür belohnt werden.

Meine Herzenswünsche begleiten Dich auf Deiner weiten Fahrt zur Liebe.

Deine Freundin Andre

„Als die sibirischen Ewenken auf der Suche nach neuen Jagdgründen den Baikalsee entdeckten, sollen sie gerufen haben: Baka, baka. Es heißt: Wir haben ihn gefunden, wir sind gerettet. Ob diese oder eine andere Legende dem ältesten und tiefsten Süßwassersee der Welt seinen Namen gab ist ungewiss. Uns hat die Legende begleitet, auf unserer Suche nach den Ewenken vom Baikalsee."

Vielleicht werden das die ersten Worte meines Films. Ich liege auf dem großen Doppelbett und versuche meine Eindrücke zu sortieren. Ich schreibe die ersten Zeilen vom Filmtext.

Es ist unerträglich heiß im Hotelzimmer. Eigentlich gehört der April noch zum Winter in Sibirien, aber es sind Plusgrade; und da man in Russland die Heizungen nicht einfach regulieren kann, sind gefühlte dreißig Grad im Zimmer. Ich habe das Fenster sperrangelweit aufgerissen und genieße so etwas wie die Vorfreude auf den Frühling. Dass ein wunderbar aufregendes Jahr vor mir liegt, mit einem sehnsuchtsvollen Frühjahr, einem leidenschaftlichen Sommer und einem leidvollen Winter, ahne ich nicht.

Mein Handy vibriert. Eine SMS. Selten in den letzten Tagen, denn alle wissen, dass ich auf Dienstreise in Russland bin und mein Handy kaum benutze.

Es ist eine freundliche Nachricht hier aus dem Land. Ich lächle, freue mich über die Zeilen und gehe ganz entspannt unter die Dusche.

Zum Abendbrot treffe ich mich mit meinen beiden Kollegen im Restaurant. Auch Reiner und Steffen haben den Luxus eines Hotelzimmers hier in der Hauptstadt Burjatiens, in Ulan-Ude, ausgekostet und sehen zufrieden, aber auch erschöpft aus. Zehn Tage waren wir unterwegs in Sibirien, um einen Film zu drehen. Zehn Tage voller Abenteuer und Begegnungen. Eine dieser Begegnungen hat mir vorhin die SMS geschrieben. Anatoli schreibt, dass der erste Tag ohne Reiner, Steffen und Britta vorüber ist. „Seht mal, Anatoli hat Entzugserscheinungen", sage ich. „Wir haben sein Leben wohl etwas durcheinandergebracht. Waren ja bestimmt auch spannende Tage für ihn, so mit uns, dem Drehteam aus Deutschland. War sicher aufregend für den Mann aus dem Wald", plappere ich drauflos. „Meine" beiden Männer schauen sich vielsagend an, lächeln.

„Ja, ja, wir fehlen ihm ...", sagt Reiner etwas langgezogen. „Ja, wir besonders", ergänzt Steffen. Ich schaue sie verwirrt an. Irgendwie kapiere ich nicht, was sie mir sagen wollen. Dann wird es den beiden zu bunt. Ob ich denn nicht gemerkt hätte, dass Anatoli sich in mich verliebt hätte. „Du fehlst ihm, nicht wir!"

Ich komme mir ziemlich bescheuert vor. Ich bin fünfzig Jahre alt, die Kollegen Mitte dreißig. Soll ich mir von den beiden Jungspunden die Welt erklären lassen? Die Liebe. Woher wollen die überhaupt wissen, was Anatoli denkt oder fühlt? Schließlich habe ich schon seit einem guten halben Jahr mit dem Ewenken aus

Russland gemailt. Nette, freundliche Mails. Informationen über seine Familie, das Volk der Ewenken, über unsere Dreharbeiten. Die Mails waren in Russisch. Meine Sprachkenntnisse aus der Schulzeit sind so eingerostet, dass ich meist den automatischen Übersetzer benutzen musste und oft merkte, dass der ziemlichen Blödsinn übersetzte. Aber irgendwie haben wir es geschafft und einen tollen Drehplan zusammengestellt.

Vor zehn Tagen sind wir dann von Berlin aus über Ulan-Ude nach Nischneangarsk an die Nordspitze vom Baikalsee geflogen.

Die ganze Zeit hatte ich große Angst, dass ich zu viel Vertrauen zu einem Menschen hatte, den ich nur durch ein paar Mails kannte. Was, wenn der Protagonist unseres Films gar nicht da wäre? Die Sibirier, besonders die Ewenken, sollen doch immer und ständig betrunken sein. Was, wenn ich das Projekt, einen Film über die sibirische Minderheit der Ewenken, in den Sand setzen würde? Reiner, mein Kameramann, hatte mich immer bestärkt. „Wenn er nicht da ist, erzählen wir eine andere Geschichte. Wir haben ein großes Abenteuer vor uns, und das wird ein toller Film."

Doch Anatoli war pünktlich am winzig kleinen Flughafen in Nischneangarsk. Er war schüchtern, nervös und vielleicht auch etwas stolz. Er holte sein Filmteam ab.

Vielleicht war er auch noch wegen etwas anderem nervös. Er hatte mir nämlich etwas verschwiegen.

Ganz am Anfang meiner Recherche hatte ich nach Menschen gesucht, die in sozialen Netzwerken als Muttersprache Ewenkisch angegeben hatten. In unserem Film sollte es um das Leben der Ewenken, aber auch um die Erhaltung der Minderheitensprache gehen. Wie schafft man es, eine Sprache am Leben zu erhalten, wenn nur noch wenige Menschen diese Sprache sprechen? Anatoli hatte in seinem Profil als Sprachen, die er spricht, neben Russisch auch Ewenkisch eingetragen. Einer von ungefähr dreihundertfünfzig Menschen. Ich hatte viele von ihnen angeschrieben. Einige hatten geantwortet, vielleicht zehn insgesamt. Manche wohnten so einsam, dass wir sie nur mit sehr großem finanziellem Aufwand hätten besuchen können. Über andere gab es schon Berichte, dann schliefen Mailkontakte auch wieder ein. Anatoli blieb an der Sache dran. Später sagte er mir, dass er den Film für seinen Bruder machen wollte. Ein Ewenke, der versucht, die Traditionen Rentierzucht, Jagd und Fischfang am Leben zu erhalten und damit auch seinen Lebensunterhalt verdienen will. Das wollte er an die Öffentlichkeit bringen, damit vielleicht Touristen anlocken. Um ihn selbst ging es nicht. Da war es wohl auch nicht so wichtig, dass er die Sprache seiner Mutter gar nicht mehr richtig sprechen konnte. Jedenfalls hatte er das in allen Mails ungesagt gelassen. Als er uns also vom Flughafen aus in ein kleines Gasthaus begleitete und ich ihn fragte, ob er mir denn mal etwas in ewenkischer Sprache sagen könnte, war er sehr verlegen und meinte, er könne doch nur einige wenige Worte.

Ich und vor allem Reiner waren entsetzt. Also doch. Kein Film, Thema verfehlt, große Katastrophe.

Nein, auch das war für mich eine Geschichte. Genauso läuft es doch mit dem Verlust einer Sprache. Auch das konnte ich in meinem Film erzählen.

Die Drehtage sind vorbei und ich habe wunderbares Material im Koffer. Bilder, die einen Einblick geben in eine ganz andere Welt, in ein ganz anderes Leben. Und ja, ich bin verzaubert. Die Zeit am Baikal hat irgendetwas mit mir gemacht. Ich hatte im Vorfeld viel gelesen und in manchen Berichten tauchte der Hinweis auf, dass der See, der fast ein Meer ist, irgendwie magisch sei. „Ja, ja", dachte ich. Und nun, auf dem Flug vom Norden des Baikals zurück nach Ulan-Ude, hatte ich selbst mit Burchan, dem Gott des Baikalsees, gesprochen. Natürlich so, dass es keiner merkte. Aber beim Blick auf die unendliche Eisfläche hatte ich

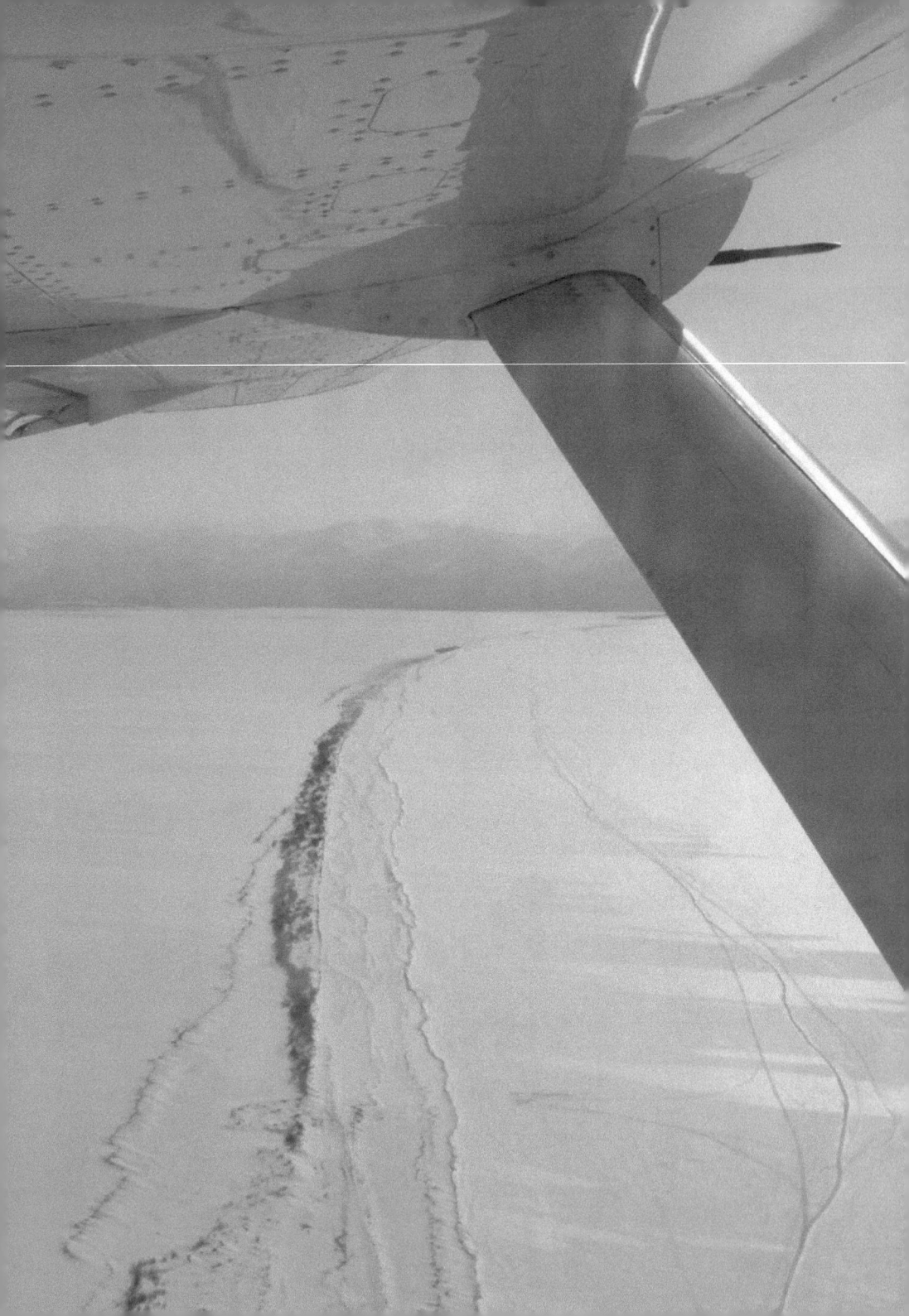

mir und ihm geschworen noch einmal wiederzukommen. Dann, wenn das viele Wasser flüssig ist, wenn man im Boot über die Wasserfläche fahren kann und wenn man baden kann. Ja, das war das Wichtigste. Einmal im Leben will ich im ältesten und tiefsten Süßwassersee schwimmen. Väterchen Baikal, ich komme wieder. Irgendwann, irgendwie, aber ich bin mir sicher, das war es noch nicht mit uns.

Außerdem hatten die Einheimischen gesagt, nur wer gut ist, hat so schönes Wetter am Baikal wie wir. Wir hatten traumhaftes Winterwetter, also mochte uns der See, also musste ich wiederkommen. Was ist nur mit mir los? Normalerweise genieße ich eine Zeit, erledige meine Aufträge, tue was von mir erwartet wird und dann geht es zum nächsten Projekt. Dieses Mal ist es anders. Es ist die Reise meines Lebens, das spüre ich schon jetzt. Doch wie sehr das alles eine Reise zu mir selbst werden wird, ist mir noch nicht klar.

Ich mache mich über die Einschätzung meiner Kollegen lustig. Warum sollte sich Anatoli in mich verliebt haben? Woran wollen sie das überhaupt bemerkt haben? Schließlich war Anatoli höchstens die Hälfte der Zeit bei uns. Wir haben viele Menschen kennengelernt, haben ganze Tage mit anderen Protagonisten verbracht. Wenn Anatoli mit uns zusammen war, hatte er sich abends relativ zeitig verabschiedet, war nach Hause zu seinem Sohn gegangen, hatte andere Dinge erledigt. Er war in meiner Nähe zwar immer sehr freundlich und aufmerksam, aber doch auch sehr zurückhaltend. Und überhaupt: Ich bin elf Jahre älter als er. Ich trage beim Drehen praktische, in diesem Fall besonders warme Kleidung. Ich sah in der gesamten Zeit kein einziges Mal schick aus. Nicht einmal geschminkt, warum auch. Dagegen hatte ich das Gefühl, dass die Russinnen selbst im matschigen Eisschnee und bei extremer Kälte nicht auf hohe Absätze und modernste Kleidung verzichteten. Wie sollte mir das auch entgangen sein? Ich musste ja nur den Blicken meiner Männer folgen, wenn sie abschweiften.

Also, was bitte schön, sollte Anatoli an mir finden?

„Ach Britta", ist alles was die Männer dazu sagen.

Allein in meinem Hotelzimmer geht mir die ganze Reise noch einmal durch den Kopf, von der ersten Begegnung am Flughafen bis zur Verabschiedung gestern Abend im Gästehaus. Nach meinem Geschmack wollte Anatoli sich schon viel zu früh verabschieden. Plötzlich stand er mit Jacke und Stiefeln vor uns und wollte nach Hause. Ich holte noch Geschenke für die Kinder im Kinderklub und wollte ihm Geld fürs Benzin geben. Er wollte es nicht nehmen. Ich schaute verzweifelt zu unserer Dolmetscherin Tatjana. „Steck das Geld einfach mit in den Beutel. Er braucht es", sagte sie. Ich drückte ihm also wieder den Beutel mit den Geschenken in die Hand. In seinen Augen waren Tränen. Er wollte mir aber nicht zeigen, dass er weinte und war sehr bemüht sich noch schneller zu verabschieden. Die Männer umarmten sich und nahmen Abschied. Ich war als Letzte dran. Ich wischte ihm eine Träne von der Wange. Es tat mir leid, dass er so traurig war. Es tat mir leid, dass wir sein Leben durcheinandergebracht hatten. Dass es wirklich Abschiedsschmerz war, auf diese Idee kam ich nicht.

Jetzt, wenn ich mich daran erinnere, denke ich, dass es schön war die Träne zu berühren, kurz sein Gesicht zu streicheln und ihn zu umarmen. Ein wunderbar warmes Gefühl durchströmt mich.

Es fällt mir noch etwas anderes ein. Wir hatten während der Drehzeit eine gemeinsame Zugfahrt. Drei Stunden von Nischneangarsk nach Nowy Uojan. Wir haben gefilmt, erzählt, gegessen, Interviews gedreht und hatten viel Spaß dabei. Ich habe mich sehr wohl gefühlt. Jetzt fühle ich noch etwas anderes. Ich wäre gern näher an ihn herangerutscht. Ja ich wäre gern dichter gewesen. Warum wird mir das erst jetzt bewusst? Gibt es so etwas, dass man sich das im Nachhinein einbildet?

Mein Handy vibriert. Eine weitere Nachricht von Anatoli: „Du fehlst mir."
Voller Vertrauen antworte ich: „Du mir auch."

Es folgen so viele Nachrichten, Mails und Telefonate, dass die Betreiber von Telekommunikationsnetzen die wahre Freude an uns als Kunden haben. Die verschiedenen automatischen Übersetzer, die es im Internet gibt, werden alle von mir getestet. Keiner ist wirklich gut, aber ohne diese Hilfe wäre der Kontakt undenkbar. Ich lerne, wie man die Tastatur auf kyrillische Buchstaben umstellt, und nach und nach kommt ein wenig Russisch aus meiner Schulzeit wieder ans Tageslicht.

In Deutschland ist Frühling. Ich schicke Fotos von blühenden Bäumen. Er mailt Fotos von Schneestürmen, Regen und Nebel, später von Waldbränden.

Wir schreiben, telefonieren, skypen.

Ich melde mich beim Russischkurs in der Volkshochschule an.

Und ich schreibe in mein Tagebuch.

18. April
Zweimal im Leben habe ich mich ähnlich gefühlt: nach Ungarn, nach Paris und jetzt nach Sibirien. Aber dieses Mal war es die Reise meines Lebens. Es war so spannend, aufregend und wundervoll. Dass ich mich nicht nur in das Land und das Abenteuer verliebt habe, ist mir erst danach klargeworden. Anatoli schreibt so liebevolle, wunderschöne Nachrichten, dass es in meinem Bauch kribbelt als sei ich 17 Jahre alt.

Ein wenig habe ich das Gefühl, wir haben die Zeit nicht richtig genutzt. Was natürlich Quatsch ist.

Aber bis auf ein paar sekundenlange Blicke gab es nichts, was auf unsere Gefühle hingewiesen hätte. Vielleicht sind wir auch verliebt in die Situation? Ich weiß es nicht. Und ich weiß auch nicht, ob wir es jemals ausprobieren können. Fast 8000 Kilometer sind schon sehr sehr weit.

Wir werden sehen.

Wir werden sehen, ob Anatolis Optimismus berechtigt ist und wir uns wiedersehen.

Die Zeit wird es zeigen.

Den Baikal noch einmal flüssig sehen ... ja, ich werde noch einmal dorthin reisen. Und bis dahin werde ich die Schmetterlinge im Bauch genießen und auch etwas traurig sein.

Fast achtzehn Stunden Material haben wir auf unserer Drehreise gefilmt. Jetzt ist alles in den Computer geladen und mein Lieblingscutter Ingo und ich machen daraus einen Film. Es wird der persönlichste Film, den ich je gemacht habe. Das liegt nicht an der sonderbaren Liebesgeschichte, die gerade begonnen hat. Es war schon vorher so geplant. Ich erzähle im Film tatsächlich unsere Suche nach den Ewenken am Baikalsee. Angefangen mit den ersten Recherchen im Internet und dem ersten Kontakt zu Anatoli, bis zu den ewenkischen Spuren, die wir am Nordbaikal gefunden haben.

Wenn ich jetzt hier im Schnitt sitze, ist das ein merkwürdiges Gefühl. Ich sehe ihn auf dem Bildschirm, fühle seine Unsicherheit und versuche Situationen zu deuten, die ich jetzt vollkommen neu bewerten möchte. Hat er in diesem Moment schon gewusst, dass er mich gut findet? Hat er hier schon einen Bruchteil einer Sekunde länger geschaut, als es normal ist?

Zum Glück hat Ingo Verständnis für eine verliebte Redakteurin. Es stört ihn nicht, dass während der gesamten Schnittzeit ein soziales Netzwerk auf meinem Computer geöffnet ist, und ab und zu ein kleines Geräusch verrät, dass jemand in Gedanken bei uns ist. Wir senden Fotos vom Monitor nach Sibirien, fragen noch einmal nach ewenkischen Wörtern, und Ingo und ich freuen uns, dass der Schnitt so super läuft. Es wird ein richtig schöner Film.

Ich bin stolz auf meine Arbeit. Wenn mich jemand fragt, schwärme ich von der Zeit am Baikalsee und muss aufpassen, dass ich mich nicht immer als verliebte Frau oute. Meistens wird aber doch sehr schnell klar, dass mich nicht nur Land und Leute begeistert haben, sondern noch etwas anderes. Eigentlich erübrigt sich bei mir die Frage, wie es mir geht. Wer genau hinschaut, sieht das sofort. Und ich sehe einfach verliebt aus.

Ein bisschen sehe ich auch übernächtigt aus, denn ich finde nicht in meinen normalen Schlafrhythmus zurück. Der Zeitunterschied zwischen Sibirien und Deutschland macht unsere Kommunikation wirklich schwierig. Wenn ich bis Mitternacht wach bleibe, habe ich die Chance, dass ich eine erste Nachricht von ihm bekomme. Die schreibt er beim Aufstehen, gegen sechs Uhr morgens. Ich kann sie noch lesen und beantworten, bevor

ich einschlafe. Nachts wache ich auf und schaue auf mein Handy, ob noch eine weitere Nachricht gekommen ist.

Wenn ich aufstehe, ist bei ihm Mittag. Er ruft an, wünscht mir einen schönen Tag und fragt, was ich vorhabe.

Wenn seine Sehnsucht zu groß ist, ruft er auch nachts an. Meistens bin ich schon wach und habe das Gefühl den Anruf vorherzusehen. Meine Nächte sind unruhig, aber schön.

3. Mai

Ich bin schon seit vier Wochen wieder zu Hause, aber es kommt mir vor als ob ich erst gestern zurückgekommen wäre. Der Film ist fertig und sogar schon vom Chef abgenommen.

Alle Welt weiß, dass ich verliebt bin, weil ich es allen erzähle und weil man es mir an der Nasenspitze ansieht. Weil ich gar nicht anders kann.

Was soll's. So bin ich nun mal.

Es sprechen so viele Dinge gegen diese Liebe. Ich sehe überhaupt keine Möglichkeit es in irgendeiner Weise auszuleben, auszuprobieren ... es ist schon ein wenig gemein. Warum ist das so? Wollte mir wirklich nur jemand zeigen, dass es noch geht? Dass es auch bei mir noch geht? Dass ich mich nach all den Jahren verlieben kann?

Aber verlieben in eine unerfüllbare Beziehung kann jeder. Ich würde so gern ausprobieren, ob ich mich auch real noch einmal darauf einlassen kann.

Es ist interessant wie unterschiedlich meine Freunde und meine Familie auf mein Abenteuer reagieren.

Meine Kinder sind süß. „Mach mal Mama, wenn es dir guttut, aber halt uns da raus." Das ist wohl der Grundtenor meiner beiden Kinder. Sie freuen sich mit mir, trösten mich, wenn ich auf Mails warte und wenn ich nicht weiterweiß. Leider haben beide keine Lust mit mir nach Sibirien zu fahren. Das sei meine Geschichte. Vincent ist es zu weit und Vanessa hätte wohl etwas Bedenken mit einer verliebten Mutter unterwegs zu sein.

Aber sie lassen mich erzählen und fühlen mit mir.

Meine besten Freundinnen sind sich, glaube ich, nicht ganz einig. Nicola findet es toll, dass ich das erlebe. Sie will alles wissen und ist stets für mich da. Egal ob ich vor Glück überschäume oder verzweifelt auf ein Lebenszeichen von ihm warte. Sie hilft mir meine Gefühle zu sortieren und fühlt mit.

Christina hat eher Angst um mich. Wieder etwas, was mir wehtun könnte. Aber sie ist bei mir. Beide kann ich zu jeder Zeit an-

rufen oder besuchen. Egal wie es mir geht.

Meine Eltern und meine Schwester ... ich weiß nicht, was sie denken. Vermutlich halten sie mich für verrückt.

Ich selbst halte mich manchmal für verrückt. Wie soll das gehen? Wo soll das hinführen? Was soll das alles?

Mir ging es doch gut. Nach der Trennung vom Vater meiner Kinder habe ich lange, sehr lange gebraucht, um wieder glücklich zu sein. Erst dachte ich, ich brauche einen neuen Partner. Dann merkte ich, dass ich gar nicht um den Mann, sondern um meine Familie trauerte. Ich wollte so gern eine komplette Familie. Das hatte auf Dauer nicht geklappt. An den neuen Lebensentwurf hatte ich mich mühsam rangetastet. Ich hatte sie groß bekommen, meine beiden Engel. Gut groß bekommen. Es sind die tollsten Kinder der Welt. Ich hatte auf diesem Weg nette Begegnungen mit Männern, die uns manchmal als gute Freunde ein Stück begleitet hatten. Aber ich hatte keine neue Liebe gefunden, keinen Partner. Das war o. k. Ich war sehr glücklich und zufrieden mit mir, meinen großen Kindern und meiner Arbeit.

Niemand, der mich für verrückt erklärte, wenn ich viel arbeiten musste, niemand, der mir in mein Leben reinredete.

Dass mir das noch einmal passieren würde, was man wohl „sich komplett verknallen" nennt, hätte ich nie gedacht.

Aber bin ich denn verknallt, verliebt oder was auch immer? Es sind doch nur Mails, Telefonate, kleine Symbole im Internet und auf dem Handy.

Mein Herz rast, wenn ich an ihn denke. Wenn beim skypen auf dem Monitor sein Bild auftaucht, er sich verstohlen eine Träne wegwischt, dann ein ganzes Handtuch nimmt um seine Augen zu trocknen, nur, weil er mich sieht, dann zerfließe ich vor Glück. Nein, so etwas habe ich vorher nie erlebt.

Dabei habe ich ihn doch noch nie berührt, nie geküsst. Wie geht das? Kann man sich in russische Worte verlieben?

In solche Worte, ja! Früher hätte ich gesagt, dass es kitschig ist. Jetzt liebe ich die Zeilen, die er schreibt. Ich finde wunderschön, dass er auf all meinen Wegen, die Blumen der ganzen Welt verstreuen will. Dass er immer bei mir ist und er noch nie so verliebt war wie jetzt, nicht einmal als Schüler. Ich genieße jede Zeile, die er schreibt und bin nur ganz kurz irritiert, als im Russischunterricht der Volkshochschule das Wort für „lieben/mögen" behandelt wird. Unsere Lehrerin sagt, dass die Russen verbal alles lieben. Das dieses Wort nicht die gleiche Bedeutung hat wie bei uns. „Nicht wundern", sagt sie, „die Russen lieben ihre Erbsensuppe mit dem gleichen Wort, mit dem sie ihrer Frau eine Liebeserklärung machen."

Egal, ich glaube jedes Wort, das Anatoli mir schreibt, und ich genieße es.

31. Mai

Ich habe das Gefühl mir nimmt jemand etwas weg. Die Energie, die Kraft, die Luft, die Liebe. Dabei weiß ich gar nicht was los ist. Bis vorgestern flogen die Schmetterlinge und alles war gut. Ich habe für den 9. August einen Flug hin und für den 1. September einen Flug zurück gebucht. Und nun?

Merkwürdigerweise erreiche ich Anatoli nicht. Zum ersten Mal entsteht so etwas wie eine Sendepause zwischen uns. War es vorschnell, die Flüge zu buchen? Was mache ich, wenn wir bis zum Sommer die Verbindung gar nicht halten können?

Das Risiko gehe ich ein. Mein Leben ist ja sonst nicht besonders risikoreich. Da kann ich mir das schon mal erlauben. Die Flüge haben vierhundert Euro gekostet. Zumindest finanziell ein überschaubares Risiko.

Ich habe dieses Mal einen anderen Weg gewählt. Ich werde von Berlin nach Moskau und von dort nach Irkutsk fliegen. Ungefähr zwölf Stunden werde ich unterwegs sein. Der Zeitunterschied beträgt sechs Stunden.

In Irkutsk werde ich zwei Tage bei Tatjana, unserer Dolmetscherin wohnen und dann irgendwie weiter an die Nordspitze vom Baikalsee fahren. Mit dem Flugzeug, mit der Bahn oder mit dem Boot.

Ich habe keine Angst, allein nach Sibirien zu reisen. Ich habe nur Angst, dass meine Gefühle nicht erwidert werden könnten.

Angst, dass ich mich in ein Phantom verliebt habe.

Ein Phantom, das sich gerade nicht meldet.

„Es ist alles in Ordnung. Ich habe doch keine Zeit. Ich muss alles für deine Ankunft vorbereiten, umbauen, renovieren. Da kann ich nicht andauernd telefonieren."

Zum Beweis schickt er Fotos. Er hat eine kleine Hütte gemietet, eine sehr einfache Isba. Dort baut er, damit ich mich wohlfühle.

Ich mag den Gedanken, dass jemand etwas für mich tut. Ich freue mich auf meine Reise.

2. Juli

Mein Leben besteht aus warten, genießen, dass ich verliebt bin, mich wundern, dass mich jemand liebt und Angst.

Gerade war wieder viel Angst im Spiel.

Vorgestern Nacht kam plötzlich eine Mail mit einem unerklärlichen Inhalt. „Ich bin müde von all meinen Problemen. Ich bin ein Mensch mit vielen Problemen. Verzeih mir, wenn du kannst."

Sofort und ohne Vorwarnung gerät meine Welt aus den Fugen. Was ist los, welche Probleme? Doch von ihm keine Reaktion auf meine Fragen.

Dann Telefonate, die ich nicht verstanden habe, schlaflose Nächte, dann skypen. Auch hier wollte er mir nichts sagen. „Ich erzähle dir alles, wenn du hier bist." Ich war wütend, hatte Angst. Dann meine Drohung: „Wenn du mir nichts sagst, werde ich nicht kommen." Nach einer gefühlten Ewigkeit hat er mir unter Tränen erklärt, dass er sich schämt. Ehrlich gesagt, was er ganz genau gesagt hat, habe ich nicht verstanden. Es geht um Geld, um Schulden aus der Vergangenheit, Geld, das er nicht bezahlen kann, eine Dummheit, schon lange her ... oder was auch immer.

Es ist mir soooo egal. Ich werde am 12. August bei ihm sein. Ich werde geliebt werden, ein vollkommen anderes Leben kennen lernen und danach werde ich überlegen, wie es weitergeht. Gestern habe ich ihn mehr geliebt als je zuvor.

Meine Reise beginnt mit der Regionalbahn. Von Falkensee kann ich direkt bis nach Schönefeld durchfahren. Genau eine Stunde brauche ich von West nach Ost. Einmal quer durch Berlin. Den immer noch kleinen Flughafen bei Berlin kenne ich schon seit DDR-Zeiten. Hier kann man nicht viel falsch machen. Verlaufen oder so ist fast unmöglich.

Ich sitze im Zug und schreibe mich mit Anatoli übers Handy. Er wundert sich, dass ich mich schon heute, am 9. August auf den Weg mache, denn meine Ankunft bei ihm wird erst am 12. August am Abend sein.

Ja, es ist eine lange Reise.
Ich bin merkwürdig ruhig.
Ich schreibe in mein Reisetagebuch.

9. August
Es ist weit und ich verstehe nichts. Merkwürdige Voraussetzungen für eine Traumreise, aber ich freue mich unendlich auf die Zeit mit ihm und die Zeit mit mir. Ich war noch nie so lange am Stück im Urlaub, und wann habe ich so etwas allein gemacht? Das ist ewig her. Ich wieder ganz allein, nur ich, ohne meine Kinder. Irgendwie unvorstellbar. Ich hoffe, die beiden können die Zeit ohne mich genießen und kommen mit allem und mit sich klar.
Von allen Seiten habe ich so viele Wünsche bekommen, die mich begleiten. Einige Freunde sind fast so aufgeregt wie ich selbst. Aber ich weiß nicht genau, was ich erwarte. Hoffentlich habe ich genug zu tun. Ich wünsche mir, dass Anatoli mich in sein Leben blicken lässt. Dass ich mitmachen darf bei allem, was da so ist. Ich habe große Bedenken wegen der Sprache. Ich werde nicht viel reden können. Vielleicht wird es ja auch so etwas wie eine Schweigemeditation. Andere fahren dafür ins Kloster, ich nach Sibirien.

Der Flug von Berlin nach Moskau dauert nicht mal zwei Stunden. Dort habe ich Zeit. Den Weg zu den nationalen Flügen finde ich ohne Probleme. Für so etwas reicht mein aufgefrischtes

Schul-Russisch allemal. Außerdem ist es ja der gleiche Weg wie vor einem halben Jahr, nur ohne meine beiden Kollegen.

Ich habe vor dem Gate einen Sitzplatz erwischt und kann die Wartezeit mit Lesen und mit dem Handy gut überbrücken. Das freie Internet ermöglicht mir den Kontakt mit Anatoli und mit meinen Freunden in Deutschland. Irgendwie stecke ich in einer Zwischenwelt fest.

Ich packe ein Geschenk von einer Freundin aus. Ein kleines Büchlein mit Gedichten von Puschkin in Russisch und Deutsch, dazu ein paar Rubelscheine für den Start. Doch das Schönste sind die Zeilen, die sie schreibt. Sie macht mir Mut. Sie schreibt, dass es richtig ist, zu fahren. Ich soll rausbekommen, ob die Gefühle auch in der Realität Bestand haben. Ja, genau das will ich wissen.

Mein zweiter Flug dauert fast sechs Stunden. Ich versuche zu schlafen. Klappt nicht so richtig. Ich habe den Platz am Gang und muss aufstehen, wenn eine der Russinnen neben mir zur Toilette will.

Am frühen Morgen habe ich es geschafft. Angekommen in Irkutsk habe ich einen Zeitunterschied von sechs Stunden.

Es geht mir gut. Ich sitze am Küchentisch in einer Wohnung in Irkutsk und schneide Gurken in längliche Stücke, dazu kommen Salz, Knoblauch und Kräuter, vor allem Dill. Schnell eingelegte Gurken sozusagen.

Tatjana, ihre Schwiegertochter Irina und ich bereiten ein Picknick vor. Ich bin nur Hilfsarbeiter, aber ich bin dankbar, dass ich mitmachen kann. Tatjana war während der Dreharbeiten nicht

nur unsere Dolmetscherin, sondern auch die beste Reiseleiterin, die man sich vorstellen kann. Während der Dreharbeiten hatte ich ihr gesagt, dass sie für uns eine wunderbare Aufnahmeleiterin sei. Tatjana kannte die Berufsbezeichnung aus der Filmbranche nicht und erzählte später, sie wäre die beste Drehleiter der Welt. Wir haben viel mit ihr gelacht.

Tatjana hat in Irkutsk ein kleines Reisebüro; und heute kümmert sie sich um Touristen, die am Ufer des Baikalsees ein Abendbrot serviert bekommen. Und ich darf mit. Ich werde also heute noch den Baikal sehen. Mein Versprechen einlösen. Burchan, ich komme.

Alle sind unheimlich geschäftig. Wenn ein Gericht fertig ist, kommt Tatjanas Mann Sergej und bringt das Essen ins Auto. Soljanka, Krautsalat, Würstchen, Wodka, Tee …, nach und nach wandern Getränke und Speisen für fast hundert Personen ins Auto.

Sergej und die Schwiegertochter fahren los. Ich bin erstaunt. Hieß es doch, ich könnte mitfahren. Obwohl Tatjana gut Deutsch spricht, scheine ich etwas falsch verstanden zu haben. Ein Gefühl, das ich noch ziemlich häufig erleben werde in den nächsten Wochen.

Eine halbe Stunde später machen Tatjana und ich uns ebenfalls auf den Weg. Sie will mir zuerst etwas von Irkutsk zeigen. Außerdem müsse sie etwas im Museum abgeben. Das trifft sich gut. Zu Fuß gehen wir zum Dekabristen Museum. Ein wunderschönes Holzhaus beherbergt eine Ausstellung. Tatjana ist hier überall bekannt. Sie wechselt mit der Aufsicht ein paar Worte, und schon sind wir im Museum. Im absoluten Schnelldurchgang erzählt sie mir etwas über die Verbannten der Dezemberrevolution. Als diese aus der Verbannung kamen, durften sie zwar die Lager, aber nicht Sibirien verlassen. So haben sich einige von ihnen in Irkutsk angesiedelt und dort das gesellschaftliche Leben mitgeprägt. Darüber wird in diesem Museum berichtet. Nach zehn Minuten sind wir wieder draußen. Auf meiner Lebens-To-Do-Liste steht: Irgendwann mal mit viel Zeit in dieses Museum gehen. Dass es nur ungefähr ein halbes Jahr später dazu kommt, ahne ich nicht.

Tatjana scheucht mich weiter. Ich spüre den Jetlag. Ich habe seit etlichen Stunden nicht richtig geschlafen, aber es geht mir bestens. Es ist hochsommerlich warm und ich lerne ein Land kennen, das mir fremd ist. Dass ich mitten in Sibirien bin, kommt mir seltsam vor. Irgendwie löst das Wort Sibirien andere Emotionen bei uns Deutschen aus, als das, was ich hier spüre. Großstadt, Staub, Hitze ..., auch das ist also Sibirien.

Wir steigen in ein Marschrutnaja-Taxi, übrigens ein Sammeltaxi, dessen Name vom deutschen Begriff Marschroute abgeleitet ist. Wir warten. Erst wenn es sich für den Fahrer des Kleinbusses lohnt, wird er die Fahrt nach Listwjanka an den Baikal beginnen. Noch sitzen nur Tatjana und ich im Bus. Niemals hätte ich allein dieses Taxi gefunden. Das kleine Schild im Fenster, auf dem das Ziel steht, hätte ich übersehen. Die Schiebefenster sind offen, ein leichter Luftzug, das Auto steht im Schatten, trotzdem ist es warm und ich bin müde, aber froh. Gleich werde ich Väterchen Baikal treffen. Ich freue mich auf die Begegnung.

Nach knapp vierzig Minuten Fahrt sehe ich das Wasser. Es glitzert in der nachmittäglichen Sonne und wir steigen aus. Wir sind in Port Baikal. Doch noch lässt mir Tatjana keine Zeit für ein Zwiegespräch mit dem Gott des Baikal, noch hat sie etwas geplant. Sie möchte mir schnell das Baikalmuseum zeigen. Wieder ein kurzes Gespräch mit der Dame, die die Eintrittskarten verkauft, und schon sind wir drin. Was für ein wunderbares Museum. Überschaubar, mit schnell zu erfassenden Schautafeln, Exponaten und einem Aquarium. Ganz am Ende des Rundgangs, der bei uns 15 Minuten gedauert hat, zwei Baikalrobben. Sie sind fett und erinnern mich an Zeppeline. Sie sind lustig und ich würde ihnen gern länger zuschauen, aber Tatjana drängelt. Also bekommt meine Liste im Kopf einen weiteren Punkt hinzugefügt.

Draußen warten wir wieder auf ein Großraumtaxi. Aber es kommt keins. Einen richtigen Fahrplan gibt es nicht. Ich genieße die Sonne. Die Haltestelle liegt an der Uferstraße mit direktem Blick aufs Wasser. Ich mache Fotos und sehe das Glitzern der Sonne auf dem Wasser. Irgendwo habe ich gelesen, dass diese Sonnensterne, die noch nicht erfüllten Wünsche sind. Oh ja, meine Sterne scheinen um die Wette zu glitzern.

Dann kommt ein Taxi. Wir fahren nur ein ganz kleines Stück bis zum nächsten Ort. Listwjanka. Im Gegensatz zum Nordbaikal gibt es hier so etwas wie Tourismus. Nur siebzig Kilometer von Irkutsk entfernt hat sich schon vor langer Zeit ein Ort entwickelt, an dem die Städter ihre Wochenenden oder ihren Urlaub verleben. Auch Ausländer haben schon lange diesen Ort entdeckt.

Zu DDR-Zeiten kamen Ostdeutsche mit dem Reisebüro Intourist bis hier her und haben die Schönheit der Landschaft genossen. Meine Eltern haben immer wieder von dieser Reise an den See erzählt. Und wenn ich ehrlich bin, verstehe ich erst jetzt meine Mutter so richtig, die immer wieder sagte, ich müsse hier einfach mal hin. Im Winter habe ich geahnt, was sie meinte, jetzt weiß ich es.

Hier bei Listwjanka entfließt dem Baikal der große Fluss Angara. Man kann die Stelle genau lokalisieren, denn hier ragt ein kleiner Felsen aus dem Wasser. Der Schamanenfelsen zeigt nicht nur den Ort an, an dem der Fluss sozusagen beginnt, er hat auch eine wunderschöne Geschichte. Tatjana erzählt sie mir. Natürlich in Kurzfassung. Väterchen Baikal liebte seine Tochter Angara sehr. Als sie zu ihrem Geliebten, dem Fluss Jenissei, flüchten wollte, warf der Vater einen riesigen Stein nach ihr.

Vielleicht sogar verständlich, wenn man weiß, dass der Baikal nur eine Tochter, also einen Abfluss hat, dagegen gibt es ungefähr dreihundert Söhne. Flüsse, die Väterchen Baikal mit Wasser versorgen. Da kann man schon Mitleid mit Väterchen Baikal haben. Das Wasser ist hier in Listwjanka von der Hauptstraße nur durch eine kleine Mauer getrennt. Ein paar Stufen nach unten und schon steht man am schmalen Strand, der aus Kies besteht.

Sergej sitzt am großen Picknicktisch und erzählt. Die ersten sechzig Touristen sind schon versorgt und wieder weg. Sie haben das Essen und den Blick aufs Wasser gelobt, und nun warten wir auf die zweite Gruppe. Deutsche aus dem Süden meines Landes sollen es sein. Aber noch sind wir allein. Tatjana versorgt mich mit allen Köstlichkeiten, die das Picknick zu bieten hat. Sie meint, ich solle mal schon jetzt und in aller Ruhe essen, wer weiß, was nachher noch übrig sei. Wir reden über Politik, die Ukraine, Putin und über Gott und die Welt. Nach meiner Beziehung zu Anatoli fragt sie nicht.

Ich gehe mit den Füßen ins eiskalte Wasser des Baikals. Zwölf oder dreizehn Grad? Keine Ahnung. Auf alle Fälle sehr kalt, denn es prickelt sofort in den Füßen. Aber es ist wunderbar. Ich sehe Einheimische, die baden gehen. Ich ärgere mich, dass ich meinen Badeanzug nicht dabeihabe und deshalb nicht baden kann. Nackt ins Wasser gehen, wäre hier vollkommen undenkbar. Aber das Baden wird sich ja in den nächsten Tagen nachholen lassen. Ich stelle mir vor, dass Anatoli am anderen Ende des langgezogenen Sees, ungefähr sechshundert Kilometer weiter nördlich, auf mich wartet. Ich versuche zu spüren, dass dort das gleiche Wasser fließt und stelle mir zum millionsten Mal vor, wie unsere erste Begegnung sein wird. Ich habe sie durchdacht, geträumt, gefühlt, erhofft, gefürchtet und wieder und wieder durchgespielt. Was, wenn die Chemie gar nicht stimmt? Was, wenn wir uns gar nicht riechen können? Ich bin fast 8000 Kilometer unterwegs zu einem Mann, den ich kaum kenne. Plötzlich wird mir der Wahnsinn meines Unternehmens bewusst. Ich sitze am Ufer des Baikals und fühle mich einsamer als jemals zuvor. „Burchan, bitte mach, dass es gut wird. Bitte lass diese merkwürdige Liebe real werden."

Die Touristen sind da. Wir verteilen Soljanka, Krautsalat, Würstchen, Wodka und sibirischen Kräuterschnaps. Ich mache

einfach mit, als ob ich dazu gehöre. Nach einer Weile fragt mich ein Ehepaar, wo ich denn so gut Deutsch gelernt hätte. Sie sind sehr erstaunt, als ich ihnen erzähle, dass ich aus Deutschland bin und nur zu Besuch bei Tatjana. Andere kennen Tatjanas und meine „Vergangenheit". Sie wissen, dass wir zusammen den Film gedreht haben. Jetzt sind viele sehr interessiert und neugierig. Fragen nach dem Sendetermin, und es wird ein munteres Gespräch über den Winter in Sibirien, die Menschen und meine Pläne. Ich habe ganz sicher einige Zuschauer dazu gewonnen. Auch wenn der Film erst im Dezember läuft.

Sie wundern sich, dass ich so ganz allein unterwegs bin. Fragen, ob ich denn keine Angst hätte. Hab ich nicht, ehrlich nicht.

Am nächsten Tag treffen wir die Reisegruppe wieder. Gemeinsam besteigen wir in Port Baikal ein Boot. Die Touristen werden einen Ausflug machen nach Bolschie Koty, einem kleinen Ort am Baikal, den man nur auf dem Wasserweg oder zu Fuß erreichen kann. Es gibt keine Straße, die dorthin führt. Tatjana und ich haben aber etwas anderes vor. „Lass dich überraschen", meint sie.

Oh ja, wie gern lass ich mich überraschen. Ich brauche nichts zu planen. Ich habe Menschen um mich rum, die sich hier auskennen, und ich darf einfach nur genießen. Welch ein Luxus. Als

alleinerziehende Mutter kenne ich diesen Zustand nicht. Immer war ich der Planer, der Wanderführer, der, der für alles verantwortlich war. Jetzt darf ich mich einfach auf andere verlassen. Ja, das kommt einem Traumurlaub schon ziemlich nahe. Fehlt nur noch der Mann.

Ich werde zunehmend nervöser, wenn ich an unsere Begegnung denke. Doch jetzt genieße ich erst mal den Moment. Und der heißt blaues Wasser, Sonnenschein und eine ruhige Bootsfahrt immer am östlichen Ufer entlang.

Ludmila gesellt sich zu mir. Sie ist gebürtige Russin, lebt aber seit 36 Jahren in Deutschland. Jetzt ist sie als Reisebegleitung bei der Touristengruppe dabei. Als junge Dolmetscherin verliebte sie sich in einen deutschen Ingenieur. Als die Sache ernster wurde und sie über Heirat nachdachten, war das auch damals gar nicht so einfach. Erst als der Westdeutsche 30.000 Mark bezahlte, durfte seine junge russische Freundin nach Deutschland übersiedeln. Dass auch heute noch Geld eine Rolle spielt, wenn zwei Liebende zusammen sein wollen, ist mir nicht bewusst. Aber ich werde es schmerzlich lernen müssen.

Als die Reisegruppe von Bord geht, bleiben nur noch Tatjana, der Kapitän, sein Bootsmann, deren Frauen und ich auf dem Schiff. Wir fahren ungefähr noch zwanzig Minuten weiter, legen dann an einem wunderschönen Platz an. Hier ist niemand außer uns. Es ist traumhaft. Oberhalb des Ufers suchen Tatjana und ich nach wildem Thymian und anderen Kräutern. Wir sollen uns vor giftigen Schlangen in Acht nehmen, aber wir sehen keine einzige. Es ist richtiger Hochsommer. Die Erde duftet nach Kräutern und Blumen. Ein leichter Wind weht über die Hügel. Der Blick auf den unendlich großen und tiefblauen See ist atemberaubend.

Als Tatjana zurück zum Schiff will, setze ich meine Entdeckungstour allein fort. Dieses Mal habe ich an Badeanzug und Handtuch gedacht. Aber zumindest den Badeanzug hätte ich mir sparen können. Hier ist wirklich niemand. Ich bin außer Sichtweite des Bootes und wage mich ins Wasser. Es ist so kalt, dass ich nicht mehr als vielleicht zehn Schwimmzüge schaffe. Aber:

Ich bade im Baikal! Ich spüre das glasklare Wasser am ganzen Körper und ich kann meine Zwiesprache mit Burchan fortsetzen. Ich weiß jetzt, dass alles gut werden wird. Ich bin mir so sicher und ganz ruhig.

Am Kiesufer wärme ich mich auf, mache wunderschöne Fotos wie Werbepostkarten, und immer noch ist niemand hier. Es ist so einsam, unglaublich.

Auf dem Boot haben die anderen einen Imbiss vorbereitet. Es gibt gebratenen Fisch, Kartoffeln und Salat. Beim Essen erzählt Tatjana von unseren Erlebnissen während der Dreharbeiten. Mein Russisch ist immer noch schlecht, aber da ich die Situationen ja selbst miterlebt habe, verstehe ich was Tatjana erzählt und worüber sich die anderen amüsieren. Es gibt mehr lustige Geschichten, als ich dachte. Interessant, wie Tatjana einige Situationen erlebt hat.

Zum Beispiel erzählt sie von den Telefonaten mit unserem Filmproduktionsbüro. Dass die Deutschen immer meinten, das Team würde sich schon selbst versorgen. Frühstück im Gästehaus wäre sehr freundlich, aber um Mittag und Abendbrot könnten sich die drei Kollegen schon selbst kümmern. Tatjana hatte damals immer wieder versucht, die Situation vor Ort zu beschreiben und dann endlich auch die Erlaubnis bekommen, sich um unser leibliches Wohl zu kümmern. Zum Glück. Erstens war es super lecker und zweitens wären wir ohne Tatjana verhungert. Restaurants gab es in dem kleinen Ort nicht, die Geschäfte, in denen man Lebensmittel kaufen konnte, hätten wir nie allein gefunden, und Zeit und Kraft zum Kochen hätten wir auch nicht gehabt. Tatjana war nicht nur unserer Dolmetscherin. Sie war eben auch Aufnahmeleiterin und Mutter. Zum Glück.

Am Abend, ungefähr dreiviertel acht sind Tatjana und ich auf dem Markt in Irkutsk. So kurz vor Ende der Verkaufszeit versucht sie, Abendpreise zu bekommen. An manchen Ständen gelingt es, an anderen nicht. Es ist spannend bei den Verkaufsverhandlungen zuzuhören. Es werden immer mehr Plastiktüten mit Tomaten, Kräutern, Beeren und Pilzen. Langsam werden die Tüten schwer. Das dünne Plastikzeug schneidet mir in die Hände. Ich bin froh, als wir alles zusammen haben und die Sachen in Sergejs Auto abstellen können.

Ich verstehe, dass Tatjana nicht nur für sich und ihre Familie einkauft, sondern wieder für die ganze Reisegruppe. Sie muss am nächsten Tag Lunchpakete für die gesamte Truppe fertig haben. Eine Angelegenheit, die sie bis morgens um zwei Uhr rackern lässt. Ich höre sie die halbe Nacht in der Küche wirtschaften.

Mit sämtlichen Lunchpaketen hat mich Tatjana in ein Luftkissenboot gesetzt. Sie ist nicht mitgekommen. Ich werde die Fracht in Port Baikal an die Reisegruppe übergeben und mit ihnen noch ein Stück gemeinsamen Weg haben. Von Tatjana habe ich mich in Irkutsk an der Anlegestelle verabschiedet. Sie hat mir viel Spaß gewünscht. Zu meiner Beziehung zu Anatoli hat sie immer noch

nichts gesagt. „Genieß das Leben.", das Motto, das sie mir mit auf den Weg gibt.

Nach ungefähr einer Stunde bin ich in Port Baikal und muss das Boot wechseln. Weitere elf Stunden auf dem Baikal liegen vor mir. Vier Stunden davon werde ich zusammen mit der Reisegruppe fahren. Sie wollen bis zur Insel Olchon. Dort werden sie einige Tage verbringen. Mein Ziel ist Nischneangarsk, Anatolis Wohnort an der Nordspitze vom Baikalsee.

Das Luftkissenboot ist großzügig, was das Platzangebot betrifft. Die zwei Toiletten sind eine Katastrophe. Wer zum Luftholen oder Rauchen raus will, hat nur die Chance auf einen kleinen Austritt. Zwischen Metallwänden, die höher sind als ich, stehen ein paar Männer. Ich versuche mit meinem Fotoapparat über die wirklich hohe Reling hinweg zu fotografieren. Die Männer amüsieren sich, machen mir aber freundlicherweise Platz.

Die Fahrt ist lang. Ich bekomme ein Gefühl für Entfernung. Als wir im Winter diese Strecke mit dem kleinen Flugzeug überbrückt haben, wurde mir das gigantische Ausmaß dieses Sees, der von den Einheimischen als Meer bezeichnet wird, nicht bewusst. Jetzt ja. Wasser, stundenlang Wasser. Wasser und felsiges Ufer.

Auf der Insel Olchon verlassen die deutschen Touristen das Boot. Sie wünschen mir eine schöne und aufregende Zeit.

Viele Sitze sind jetzt frei. Ich habe viel Platz für meine Beine und versuche mich auszustrecken und zu schlafen. Das klappt nicht, deshalb schreibe ich in mein Tagebuch.

12. August

In Port Baikal fuhr das große Kometa-Boot um 10.00 Uhr los. Um 20.50 Uhr werde ich in Nischneangarsk ankommen. Ich habe einen wunderbaren Fensterplatz, das Wetter ist ruhig und ich sehe auf das Wasser und die Berge am Ufer. Ich fahre zu ihm. Ich kann es kaum glauben. Er ist bestimmt genauso aufgeregt wie ich. Mein Bauch grummelt. (Leider nicht nur vor Aufregung. Mir ist auch etwas schlecht)

20.20 Uhr Sewerobaikalsk

Noch eine halbe Stunde. Ich könnte vor Aufregung sterben.

Auf die Minute pünktlich legt das Boot in Sewerobaikalsk an. Fast alle Passagiere steigen aus. Sewerobaikalsk ist die größte Stadt am Nordbaikal. In den neunzehnhundertsiebziger Jahren

entstand diese Siedlung. Sie war Wohnort für die vielen Menschen aus allen Teilen der Sowjetunion, die gemeinsam die Baikal-Amur-Magistrale bauten. Eine Eisenbahnlinie, die noch heute das Gebiet und die Menschen prägt. Alle hier sind stolz auf diese Strecke und viele der 25.000 Einwohner sind Nachkommen der damaligen Erbauer. Große Plakate feiern die Fertigstellung der Strecke vor vierzig Jahren.

Es sind noch vier Passagiere auf dem riesigen Luftkissenboot übriggeblieben. Eine davon bin ich mit meinem viel zu großen Koffer.

Ich fahre noch dreißig Minuten übers Wasser und erinnere mich an den Winter. Hier, genau zwischen Sewerobaikalsk und Nischneangarsk, waren wir auf dem Eis unterwegs. Zu Fuß wanderten wir zu den Eisanglern. Damals in der Hoffnung es wären Ewenken. Es waren Russen, die, bei strahlendem Sonnenschein und minus siebzehn Grad, ganz gelassen an ihren Eislöchern saßen und auf einen guten Fang hofften. Wir filmten den Baikal, das Eis, das über einen Meter dick war und interessante Strukturen, Farben und Formen aufwies.

Es gab eine lustige Geschichte, über die sich besonders unsere Dolmetscherin Tatjana amüsierte. Als wir uns mit den Anglern unterhielten übersetzte sie mir, dass diese Männer Tunnelwächter seien. Sie zeigten in Richtung Ufer. Dort verläuft die BAM, die Baikal-Amur-Magistrale. Ich wusste, dass es damals beim Bau große Probleme gab, da immer wieder Gesteinsbrocken auf die Gleise fielen. Deshalb baute man hier in diesem Gebiet mehrere Tunnel. Erst dadurch wurde die Strecke befahrbar.

Ich sagte, dass es ja ein toller Job sei, hier zu sitzen, zu angeln und dabei den Tunnel zu bewachen. Tatjana bekam einen Lachanfall. „So faul sind wir Russen nun auch wieder nicht!", meinte sie. Die Männer hätten heute frei und wenn sie arbeiten, dann sind sie im Tunnel unterwegs und sorgen dort für Sicherheit. Ich fand die Vorstellung, dass die Tunnelwächter während ihrer Arbeit angeln gehen, durchaus realistisch.

Übrigens hat Tatjana gern über dieses kleine Missverständnis berichtet. Sagt es doch wohl viel aus über das, was wir Deutschen über die Russen denken. Übelgenommen hat es keiner.

Noch zehn Minuten. Mir ist schlecht. Nicht mehr vom Wellengang, nur vor Aufregung.

Was mache ich, wenn er nicht da ist? Finde ich allein den Weg zum Gästehaus, in dem wir im Winter gewohnt hatten? Bekomme ich dort ein Zimmer?

Egal, ich wollte ein Abenteuer, jetzt bekomme ich es.

Das Boot nähert sich der Mole. Ein paar Leute warten dort. Anatoli sehe ich nicht.

Ich wuchte meinen Koffer zum Ausstieg. Ein Mann, mit dem ich mich auf der langen Fahrt unterhalten habe, hilft mir und fragt, ob mein Bekannter da wäre. Ich schaue aus der Tür und sage: Nein!

Ich sehe ihn nicht.

Der Mann nimmt meinen schweren Koffer und hebt ihn über die Bordwand. Plötzlich greift von außen eine andere Hand nach meinem Koffer. Hebt ihn aus dem Boot, stellt ihn an die Seite und reicht mir die Hand.

Wie aus dem Nichts steht er vor mir. Hilft mir aus dem Boot. Ein Schritt zur Seite und dann hält er mich fest. Er umarmt mich. Er hält mich so fest, wie ich es in all den Nächten geträumt habe. Er hält mich einfach nur fest. Und ich weiß, dass alles gut werden wird. Ich weiß, dass ich hier richtig bin.

Mir fällt ein Spruch ein: „Irgendwann wird jemand kommen, der dich so fest in den Arm nimmt, dass all deine zerbrochenen Teile wieder ganz sind."

Keine Ahnung, von wem der Satz ist. Aber ja, so ist es. Egal was wird.

Es ist richtig, dass ich hierhergekommen bin.

Er nimmt meine Hand und meinen Koffer und wir gehen zu seinem Auto, als ob wir das immer so machen würden.

Über dem Baikal steht der Vollmond. Er spiegelt sich im ruhigen Wasser. Das Wasser sieht aus wie schwarzes Öl, darauf der silberne Glanz vom Mondlicht. Kann man schöner empfangen werden?

Hand in Hand gehen wir an unserem ersten Abend zum Ufer. Es ist schon spät und ich bin müde, aber überglücklich. Ich habe eine Großfamilie geschenkt bekommen.

Seit dem Winter weiß ich, dass Anatoli zehn Geschwister hat. Ein Bruder ist schon gestorben, mit allen anderen hat er Kontakt, mit manchen sehr engen, mit denen, die weiter weg wohnen, nur lockeren. Seine Mutter war eine echte Ewenkin. Sie wurde in einem Nomadenlager geboren. Sein Vater war Russe, aber da er in einem Ort mit ungefähr fünfzehn ewenkischen Familien groß geworden ist, kannte auch er die ewenkische Kultur und Tradition sehr gut. Der Vater hatte mehr Zeit als die Mutter, die elf Kinder geboren und großgezogen hat und sogar noch arbeiten ging. Vom Vater haben Anatoli und seine Geschwister die ewenkische Sprache, Lieder und Gedichte gelernt. Die Familie gehört zum ewenkischen Stamm Tschiltschigir. Es gibt noch zwei weitere Stämme in diesem Gebiet, die Schamagir und die Kindigir. Eine große Rolle spielt das im Leben der Menschen hier nicht. Sie versuchen zwar die Traditionen der Vorfahren zu bewahren, aber das normale sibirische Leben ist hart. Da hat man

nicht viel Zeit und Kraft, sich noch um anderes zu kümmern. Es gibt aber einen Kinderklub. Dort können russische, burjatische und ewenkische Kinder gemeinsam die alte Sprache lernen. Auch eine Tanzgruppe übt dort und trägt zu den Auftritten ewenkische Trachten. Im Winter bei den Dreharbeiten, durften der Kameramann und ich sogar diese Trachten anziehen. Natalia, eine von Anatolis Schwestern arbeitet in diesem Kinderklub und hatte uns damals viel über die Ewenken erzählt.

Eine Geschichte ist mir besonders in Erinnerung geblieben. Es ging um den Namen des Klubs. Er heißt „Sinilga". In ewenkischer Sprache ist das die Bezeichnung für den ersten Schnee und es war der Name eines wunderschönen Mädchens. Jeder Mann wollte dieses Mädchen für sich. Doch egal, was die Männer auch taten, sich scheiden ließen, gefährliche Abenteuer bestanden, niemand bekam das Mädchen zur Frau. Niemand durfte es besitzen. So wie der erste Schnee nicht bleibt verschwand auch das schöne Mädchen.

Wir haben nur ganz kurz meinen Koffer in Anatolis kleinem Haus abgestellt und sind dann ein paar Meter weiter zu seiner Schwester Tonja gegangen. Tonja hat uns mit einem wunderbaren Abendbrot in der kleinen Veranda ihres Holzhauses erwartet. Es ist ein sprachliches Chaos. Jedenfalls für mich. Alle sprechen nur Russisch. Mein Englisch oder Französisch nützen mir nichts.

Mein Russisch ist besser als im Winter, aber für eine richtige Unterhaltung viel zu schlecht. Doch mit Händen und Füßen, viel Lächeln, Aufmalen und Singen wird es ein wunderbarer Abend.

Es ist ein ständiges Kommen und Gehen. Ich lerne also nicht nur Tonja kennen, sondern auch ihren Mann, ihren Schwiegersohn, der kurz mit dem kleinen Enkel da ist, dann kommt Natalia, die Schwester, die ich schon aus dem Winter kenne, dann Valentina, eine andere Schwester, die im Haus nebenan wohnt, usw. Noch sehe ich nicht ganz durch, wer wirklich zur Familie gehört, wer nur Nachbar oder Bekannter ist, aber ich spüre, dass sie alle auf mich gewartet haben und dass besonders Tonja, mich schon jetzt in ihr Herz geschlossen hat. Als Anatoli kurz draußen ist, erzählt sie mir wie es war, als unser Filmteam abreiste.

Es ist erstaunlich, aber ich habe das Gefühl, dass ich verstehe, was mir erzählt wird.

Anatoli, oder besser Tolja wie ihn in der Familie alle nennen, lief wohl sehr unglücklich und traurig die Tage nach unserer Abreise durch die Gegend. Ab und zu hätte er geweint, aber niemandem gesagt, was los sei. Erst als ich auf seine Mails geantwortet hatte, hat er sich seiner Schwester anvertraut. Sie scheint das Ganze mit großem Wohlwollen zu betrachten. Denn nach der Scheidung, die vor gut einem Jahr war, lebt Anatoli allein und war der Meinung, dass er sich niemals wieder verlieben würde. Ein einsamer Wolf, der mit dem Thema Liebe abgeschlossen hatte.

Egal wie schwierig oder aussichtslos diese Liebe zu einer Deutschen, die rund 8000 Kilometer weit weg lebt, auch ist; wichtig ist nur, dass der Bruder glücklich ist.

Ach, wenn ich das doch alles auch so einfach sehen könnte. Aber ich spüre schon jetzt, wie sich mein Gedankenkarussell in Gang setzt.

Nein, ich will nicht darüber nachdenken, was machbar ist, oder nicht. Ich will den Moment genießen und der heißt: glitzerndes Mondlicht auf dem Baikal und ein Mann an meiner Seite, den ich so sehr begehre, dass es jetzt fast körperlich weh tut. Noch ein paar Schritte und wir sind zu Hause.

Zwei Tage bin ich schon hier und fühle mich im sibirischen Sommer in dem kleinen Ort Nischneangarsk wohl. Hier leben rund fünftausend Menschen. Es gibt viele kleine Holzhäuser, aber auch kommunale Wohnblöcke, ein Krankenhaus, eine richtig große Schule und viele Telefonleitungen, Strommasten und Satellitenschüsseln. Durch den Ort führen zwei große Straßen. Im rechten Winkel dazu verlaufen viele kleine unbefestigte Straßen. Als ich all das in meinen Fotos festhalten will, fragt mich ein Mann warum ich das denn fotografiere. Es sei doch nicht schön. Ich versuche ihm zu erklären, dass es für mich interessant ist, dass es so anders ist als in Deutschland. Er schüttelt den Kopf und ist nicht einverstanden damit, dass ich das alles fotografieren möchte, aber er lässt mich weitermachen.

14. August
Der Baikal beginnt hier so flach, dass man ewig ins Wasser laufen kann – für die Kinder ideal. Das Wasser ist warm und komplett ungefährlich. Dort wo der See dann tiefer wird, ist es schnell sehr kalt, aber wunderschön und klar.

Tolja ist ein wundervoller Vater und Onkel. Ich kann mir nicht vorstellen, dass er das alles hier verlassen könnte. Auch wenn Nicola mir schreibt, dass ich einfach nur genießen soll ... Es fällt mir schwer nur zu genießen. Es ist so endlich. Aber vielleicht ist es deshalb so besonders.

Als wir heute den Ausflug mit der halben Familie an den Strand gemacht haben, hatten wir viel zu viel Essen dabei.

Kurz bevor wir uns wieder auf den Heimweg gemacht haben, hat Natalia die nicht benötigten Lebensmittel zu einem Mann gebracht, der dort am Ufer mit einigen Jungs gezeltet hat. Er hat erzählt, dass er mit den Kindern aus einem Kinderheim hier übernachtet. Das Essen haben sie sehr gern entgegengenommen.

Ich würde so gern ein Foto machen, aber ich habe meinen Fotoapparat nicht dabei, und ich würde mich auch nicht trauen zu fragen. Obwohl die russischen Polizeibeamten viel netter sind, als ich gedacht habe. Wir haben sogar schon gemeinsam gelacht. Doch so richtig zum Lachen ist das alles nicht. Es ist fast zwei Uhr in der Nacht und ein verrückter Tag liegt hinter mir. Der Reihe nach.

Anatoli ist schon seit sechs Uhr unterwegs zur Arbeit. Eigentlich hat er sich für die Zeit, die ich hier bin, Urlaub genommen, doch heute muss er noch einmal hin. Es geht um eine Ausbildung, die er gemacht hat. Dafür ist heute irgendeine Abschlussprüfung, ein Tag und eine Nacht. Danach hat er frei.

Ich stehe im kleinen Gemüsegarten, neben den Kartoffelpflanzen am Waschbecken, putze mir die Zähne und schaue ein wenig unsicher um mich rum, ob nicht doch jemand durch den Bretterzaun schauen kann. Das Nachbarhäuschen ist etwas höher. Aus dem Fenster könnte jemand rüberschauen. Aber eigentlich ist es mir auch egal. Hier kennt mich keiner. Ich habe mein Nachthemd noch an. Die Sonne wärmt meinen Rücken. Es ist schön hier.

In der Hütte gibt es Strom, aber kein fließend Wasser. Manche Anwohner holen Wasser aus einem Brunnen auf der Straße. Anatoli holt Wasser im Haus seiner Schwester. Im Vorraum der Hütte steht ein Plastikkanister, der ungefähr dreißig Liter fasst. Zum Waschen wird das Wasser in die kleinen Wasserspender über den Waschbecken, neben dem Ofen oder draußen am Kartoffelfeld, gefüllt.

Irgendwie gefällt mir die Einfachheit. Würde es mir auch in vier Wochen noch gefallen? Egal. „Genieße den Moment" ist meine neue Devise.

Ich räume das kleine sibirische Häuschen auf. Unsere Höhle, wie Anatoli sagt. Ich fühle mich wie eine russische Ehefrau. Das wenige Geschirr habe ich abgewaschen und in den wackeligen Küchenschrank gestellt, die Stoffbahnen über den zerschlissenen Sesseln glattgezogen, die Gardinen ordentlich in Falten gelegt und das Bett gemacht.

Ich warte. Um zehn holt mich Anatolis Schwester Natalia ab. Ein sibirischer Sommertag liegt vor mir.

Wir fahren zu Natalia nach Hause. Sie wohnt im Nachbardorf. Ein paar Minuten mit dem Auto und wir sind dort. Ich bin froh, endlich mal etwas tun zu dürfen. Natalia hat mir den Wasserschlauch in die Hand gedrückt, und ich wässere die Gemüsepflanzen. Wie wichtig dieser Gemüsegarten für die Versorgung der Familie ist, wird mir erst viel später bewusst. An diesem Tag wirkt er für mich wie jeder Garten in Deutschland. Doch er ist hier viel mehr. Er ist die Lebensversicherung für den langen Winter. In diesem Jahr noch viel mehr als in den letzten Jahren, denn durch die politische Situation gibt es erste Sanktionen. Noch finden die Russen das hier gar nicht so schlimm. „Wir brauchen keine Äp-

fel aus Polen oder Deutschland, wir sind froh, dass wir wieder einheimische Äpfel bekommen werden. Das stärkt unser Land." Noch sind die Preise nicht gestiegen. Das wird erst im nächsten halben Jahr passieren. Noch sieht man hier die Situation gelassen.

Ich lasse Brunnenwasser in die Beete laufen. Natalias Söhne pflücken Himbeeren, spielen mit den jungen Katzen und streiten sich um die Lapkis, die Latschen, die hier vor jeder Tür stehen. Chinesische Plastiklatschen, die man anzieht, wenn man in den Garten geht. Im Haus laufen alle barfuß rum. Sie genießen die kurze warme Zeit des Sommers.

Der größte Teil des Gartens ist für Kartoffeln vorgesehen. Im selbst gebauten Gewächshaus wachsen Gurken und Tomaten. Es gibt Zwiebeln und sogar Paprika. Vor dem Haus blühen bunte Blumen. Besonders Dahlien sind sehr beliebt.

Auf einer großen Holzfläche wäscht Natalia den Wohnzimmerteppich. Er ist bestimmt zwei mal drei Meter groß und vollgesogen mit Wasser, sehr schwer. Mit Seife und Bürste bearbeitet sie den Teppich. Später trocknet er in der Sonne und wird wohl nie wieder richtig glatt.

Natalia ruft mich und die Kinder ins Haus. Sie verteilt Klamotten. Ich bekomme ein kariertes, langärmeliges Hemd und ein Kopftuch. Auch die Jungs bekommen Jacken mit langen Ärmeln.

Im Familienauto geht es ungefähr zwanzig Minuten in Richtung Osten.

Natalia singt russische Lieder, die Jungs kichern hinten im Auto und singen dann aber irgendwann mit. Wann habe ich das letzte Mal mit Vanessa und Vincent im Auto gesungen? Liegt es nur daran, dass sie schon so groß sind? Nein, singen gehört nicht mehr zu meinem Leben – eigentlich schade. Vielleicht etwas, was man ändern kann.

Genau wie das Malen. Es gehörte zu meinen wichtigsten Hobbys. Seit Jahren lagern in meinem Keller Leinwände und Farben. Gemalt habe ich trotzdem nicht. Die Ausrede ist immer die gleiche: Keine Zeit. Habe ich wirklich keine Zeit?

Jetzt stehe ich hier in dieser kleinen Datscha, ganz in der Nähe vom Baikal. Alles ist etwas vergammelt, aber um mich rum hängen kleine und große Ölbilder. Alexander Grigorewitsch lebt den Sommer über hier in diesem kleinen Häuschen und malt. Ab und zu kommen sogar Schüler vorbei, die das Malen bei ihm erlernen. Der Künstler versucht mit mir ein paar Worte in Englisch zu sprechen. Es wird eine lustige Unterhaltung in allen Sprachen, die wir kennen. Ich verstehe nicht viel, aber ich liebe diese Bilder.

Es sind Motive, die hierhergehören. Sibirische Häuser, Fisch, politische Themen, immer wieder taucht der Sänger Wyssozki auf.

Der Künstler hat auch Türen und Wände in der kleinen Datscha bemalt. Ich sitze neben einem Wandgemälde, das den Gott des Baikals darstellt. Habe ich mir Burchan so vorgestellt? Die Darstellung erinnert mich an meine Kindheit. So habe ich mir unseren Gott vorgestellt. Der alte Mann, der auf der Wolke sitzt und ein wenig aussieht wie Jesus, nur in alt. Nie hatte ich es geschafft mir Gott in all den Dingen vorzustellen, die mich umgeben. Bei Burchan war das anders. Er war für mich das Eis, die Wellen, das kalte Wasser auf der Haut, die Fische, die Weite, alles was mit diesem Meer zu tun hat, war Burchan für mich. Und meine Sehnsucht. Jetzt bekommt er ein Gesicht. Ein ganz freundliches, bekanntes Gesicht. Der Gott mit den langen Haaren, der auch ein bisschen wie Neptun aussieht. Er ist mir sympathisch, ich kann ihm vertrauen. Ich mag das Bildnis, dass mir der Maler von diesem Gott zeigt.

Ich würde so gern mehr über den Künstler erfahren, der mich mit seinen Goldzähnen anlächelt und eine Zigarette nach der anderen raucht. Aber nur im Vorraum der Hütte, wie er versichert.

Ich bin überwältigt von den vielen wunderschönen Bildern. Ich ärgere mich, dass ich meinen Fotoapparat nicht dabeihabe. Doch das war heute eine bewusste Entscheidung. Ich wollte keine Touristin sein. Ich wollte zur Familie gehören. Schließlich stand Pilze sammeln auf dem Programm. Apropos, gibt es hier überhaupt so etwas wie einen Plan? Manchmal denke ich, ich hätte verstanden, was für heute geplant ist – dann kommt alles ganz anders. Habe ich es falsch verstanden? Oder wurde der Plan plötzlich geändert? Ich denke, es ist von beidem etwas. Wofür die Kleidung, die Natalia vorhin verteilt hat? Doch Pilze?

Ja, von der Datsche des Künstlers bis in den Wald sind es nur wenige Meter. Wir ziehen die volle Montur an. Mückensicher soweit es geht. Jeder bekommt ein Messer und eine Plastiktüte und dann ab in die Taiga.

Ich versuche möglichst dicht bei der Familie zu bleiben. Ich weiß, wenn ich sie verliere, finde ich hier niemals wieder raus.

Die Datschen sind schnell aus meinem Blickfeld verschwunden. Ich freue mich über große und kleine Pilze. Ich nehme mit, was ich denke, denn ich weiß nicht, ob hier die gleichen Sorten wachsen und essbar sind wie zu Hause. Es gibt viele Pilze, aber keine Unmengen. Die Jungs machen es genauso. Sie nehmen alles mit, was sie finden. Natalia wird später aussortieren.

Ab und zu schaut der Hund des Künstlers vorbei. Würde er mich finden, wenn ich verloren gehe? Unsicher schaue ich nach meinen Begleitern. Zum Glück sind die Jungs lebhaft und laut, und ich höre immer irgendeinen von ihnen.

Nach ungefähr einer Stunde machen wir uns auf den Rückweg.

Alexander Grigorewitsch hat natürlich schon Tee gekocht, der dritte oder vierte an diesem Tag für mich.

Die Kinder trinken den schwarzen Tee mit viel Milch und die Erwachsenen mit Milch und Zucker oder pur.

Die Tassen sind dreckig, aber irgendwie passt das alles zusammen und es stört mich nicht.

Ich will auch wieder malen. Oh Gott, was will ich denn noch alles? Diese Reise scheint all meine verschütteten Wünsche ans Tageslicht zu bringen.

Wir verabschieden uns und fahren zurück. Essen. Egal wann und wo man hinkommt, wird Tee und etwas zu Essen angeboten. Bei Natalia zu Hause essen wir rohen, gefrorenen Fisch. Eine ewenkische Spezialität. Omul. Der Fisch aus dem Baikal. Teller gibt es heute nicht, dafür ein Stück Toilettenpapier. Als Serviette und als Tellerersatz für die Abfälle. Dazu Tee und Gemüse aus dem Garten.

Natalia erklärt mir, dass ich heute bei ihnen schlafen solle, da Anatoli ja auch die ganze Nacht lang arbeiten müsse. Ich wusste von diesem Plan nichts und habe nichts dabei. Nicht mal eine Zahnbürste. „Kein Problem, holen wir alles", meint Natalia.

Auf dem Weg zur Höhle wird mir klar, dass ich eigentlich ganz gern allein sein würde nach diesem Tag. Ich sage Natalia, dass ich keine Angst allein im Häuschen haben werde und gern dort schlafen würde. „Auch gut", meint sie.

Als wir in der Höhle ankommen, setzt sich Natalia noch kurz zu mir. Vielleicht will sie überprüfen, ob ich mich wirklich traue, hier allein zu schlafen. Wir sitzen in den Sesseln am kleinen Tisch und plaudern. Wenn man mein russisches Rumgestottere so nennen kann. Aber wir verstehen uns irgendwie, obwohl Natalia von allen Familienmitgliedern am schnellsten spricht. Sie fragt, worum es in meinem Roman geht, der auf dem Tisch liegt. Sie schaut sich mein Tagebuch an. Wir kichern, denn sie kann ja kein Wort lesen.

Ich wundere mich über Süßigkeiten, die auf dem Tisch anders liegen als am Morgen. Auch das Bett, das ich heute früh so ordentlich zurecht gezupft hatte, sieht anders aus. Ich frage, ob Anatoli vielleicht heute irgendwann mal hier war oder ob jemand anderes noch einen Schlüssel für das Haus hat.

Natalia versichert mir, dass niemand hier war. Sie schaut mich an, als ob sie denkt: „Na, hat die Deutsche doch Angst in der sibirischen Höhle?" Sie fragt, ob ich nicht doch lieber wieder mitkommen wolle.

Nein, das will ich nicht. Ich freue mich auf die ruhige Nacht und zweifle an meiner Wahrnehmung. Irgendwas ist hier anders. Ich weiß nur nicht was.

Natalia geht. Ich bin allein.

Der Reißverschluss an meinem Koffer ist offen. Als ich den Koffer ganz aufmache ist klar: Keine Halluzinationen. Hier hat jemand was gesucht. Mein Rucksack. Mein Portemonnaie. Alles ist noch da ... nur leider leer.

O.k., ich werde etwas aufgeregt, aber mir wird schnell klar, so schlimm kann alles nicht sein. Mein Reisepass ist da, denn den hatte ich heute mit dabei, wegen der Anmeldung bei der Behörde.

Mein Fotoapparat liegt offen auf dem Tisch, dort wo ich ihn heute Morgen zurückgelassen hatte. Bargeld war nicht sehr viel im Portemonnaie und die Geldkarten sind noch da. Ob Toljas Sachen alle da sind, kann ich nicht einschätzen.

Ich schließe die Hütte ab und gehe zweihundert Meter die Straße entlang. Dort wohnt Tonja.

Auch Natalia ist noch dort. Ich mache den Schwestern klar, dass ich nicht fantasiert habe, dass jemand im Haus war und mein Geld gestohlen ist. Mir fällt mein Schmuck ein.

Ich und Schmuck. Ein seltsames Gespann. Ich besitze eigentlich ziemlich viel davon. Überbleibsel meiner Ehe. Ich trage wenig Schmuck. Eher sogar Modeschmuck, der nicht teuer ist, aber irgendeine Bedeutung für mich hat.

Auf Reisen nehme ich eigentlich nie etwas von diesem Schmuck mit. Doch diesmal war das anders. Es war ja eine Reise zu einem Mann. Ich wollte schön sein. Ich wollte mich schmücken. Ich hatte so einiges eingepackt in die kleine schwarze Schmucktasche. Würde sie noch da sein? Was genau war da eigentlich drin?

Ich will zurück zur Höhle und nachschauen. Aber da habe ich die Rechnung ohne die Schwestern gemacht. Die haben schon die Polizei eingeschaltet. Natalia und Tonja sind sehr aufgeregt. Sie trösten mich, obwohl ich gar nicht traurig bin. Eher neugierig, was alles fehlt.

Mir fällt der Laptop von Anatoli ein. Dieses Gerät ist so unendlich wichtig für unsere Kommunikation, dass ich doch etwas nervös werde. Hat er ihn heute Morgen mit zur Arbeit genommen, oder lag er noch dort? Ich weiß es nicht.

Wir gehen zum Häuschen. Ich soll auf keinen Fall etwas anfassen, die Polizei wäre gleich da.

Ich stehe mitten im Raum und schaue mich um. Ich würde gern in meinem Koffer wühlen und nachschauen, was noch alles fehlt, aber die beiden Frauen lassen das nicht zu. Ich merke, wie peinlich und unangenehm es ihnen ist, dass so etwas passiert ist.

Ich finde es eher aufregend. Besonders als die Polizei kommt. Einer in Uniform, zwei in Zivil.

Ich darf weiterhin nichts anfassen. Dann kommt eine junge Frau.

Tonja erklärt mir, dass das Irina ist, ihre Tochter, die auch bei der Polizei arbeitet. Irina beobachtet mich. Sie wundert sich, dass ich mich nicht aufrege. Als sie wieder geht, umarmt sie mich und sagt, dass sich der beste Kommissar der Gegend um die Sache kümmern wird.

Es kommt noch ein Mann in Zivil. Die Hütte ist voll. Dieser Mann packt schwarzes Pulver und einen Pinsel aus. Er nimmt überall Fingerabdrücke.

Sie fragen mich, was fehlt. Ich weiß es nicht.

Wir schauen gemeinsam in meinen Koffer. Das Schmucktäschchen ist da. Alles, was aus echtem Gold oder Silber war, ist weg. Der Modeschmuck ist noch da. Ich bin froh, denn es gibt da Dinge, die mir doch mehr bedeuten, als ich bis zu diesem Moment dachte. Als ich mein kleines Medaillon mit dem Baikal sehe, bin ich so erleichtert, dass mir eine Träne die Wange runter läuft. Die Leute sind verwundert. Ich sage, dass ich froh bin, dass nur der echte Schmuck weg ist. Sie wundern sich noch mehr.

Ich soll aufzeichnen wie die Ringe aussahen. Ich bin mir nicht mehr ganz sicher, welche Ringe ich überhaupt eingepackt hatte. Ich weiß irgendwie gar nichts mehr. Unterdessen sind noch mehr Menschen in der Hütte. Manche gehen gleich wieder, andere sind sehr beschäftigt.

Natalia versucht immer wieder Anatoli anzurufen, aber der geht nicht an sein Handy.

Er weiß also noch nichts.

Ich sitze auf dem Bett und informiere meine Tochter und meine Freundin per SMS über die neuesten spannenden Abenteuer hier in Sibirien. Natalia fragt, was ich mache. Ich soll doch bitte nichts über diesen Vorfall nach Deutschland schreiben, meine Freunde würden sich sonst Sorgen machen. Zu spät. Sie wissen schon Bescheid und machen sich keine Sorgen. Sind genauso gelassen wie ich. Meine Freundin scherzt sogar rum, dass der Dieb ja Glück hat. Selbst wenn sie ihn erwischen, nach Sibirien verbannt werden könne er ja nicht, da ist er ja schon.

Ich würde gern ins Bett gehen. Es ist null Uhr und ich kann mir nicht vorstellen, dass die ganze Aktion hier was bringt. Ich bin einfach nur müde. Aber irgendwie finde ich es auch spannend. Ich frage mich, ob der ganze Aufwand getrieben wird, weil ich eine Ausländerin bin oder ob das hier immer so abläuft. Irgendwann ist die halbe Einrichtung mit schwarzem Pulver bestäubt. Mir wird schon klar, dass der oder die Täter längere Zeit in der Bude waren und alles sehr genau untersucht haben. Nicht nur die Süßigkeiten hatten sie gekostet, selbst die Packung mit den Slipeinlagen und mein Parfüm hatten sie in der Hand. Ein ungutes Gefühl.

Plötzlich beginnt der große Aufbruch. Die Beamten haben ihre Arbeit getan. Ich habe in schlechtem Russisch erklärt, was ich vermisse und nun ziehen wir alle um ins nahe gelegene Polizeirevier.

Ein schrecklicher Raum. Kahl und schmuddelig. Ich würde gern ein Foto machen. Wann ist man schon mal in einer sibirischen Polizeistation? Aber ich traue mich nicht.

Natalia, Tonja und ich müssen unsere Fingerabdrücke abgeben. Eine Prozedur, die gar nicht so einfach ist. Alle zehn Finger einzeln, die Handflächen, die ganze Hand und was weiß ich ..., alles wird aufgenommen. Mit einer kleinen Walze, so wie beim Linolschnitt, wird die Farbe auf meine Handflächen gerollt. Ich scherze, dass bei uns nur die Täter so etwas machen müssen und nicht die Opfer. Ja, das sei hier anders. Ich muss viele Papiere unterschreiben. Beim vierten Dokument frage ich, was denn das alles sei, und ob ich jetzt mein Todesurteil oder meine Heirat unterschrieben hätte? Alle lachen und obwohl der Raum immer noch Angst einflößend ist, finde ich die Situation eher skurril und spannend als ärgerlich. Als Tonja und Natalia mit ihren Hand- und Fingerabdrücken beschäftigt sind, frage ich nach einer Waschmöglichkeit für meine komplett schwarzen Hände.

Ein Beamter führt mich aus dem Gebäude raus, über den dunklen Hof der Polizeiwache in ein anderes Gebäude ohne Beleuchtung. In den Zwingern kläffen die eingesperrten Polizeihunde. Deutsche Schäferhunde erklärt mir der Kommissar.

In der Damentoilette dagegen gibt es Licht, und ich schaffe es mit Seife und viel kaltem Wasser, meine Hände annähernd sauber zu bekommen.

Zurück in dem kahlen Raum warte ich, bis meine beiden Mitstreiterinnen fertig sind. Es dauert ewig. Unterdessen ist es halb zwei in der Nacht. Plötzlich geht die Tür auf und Anatoli stürmt rein. Ich habe ihn noch nicht in seiner Arbeitsuniform gesehen. Ungewohnt. Ich bin einfach nur froh, dass er da ist. Er sagt nichts. Schaut sich im Raum um, geht auf mich zu, nimmt mich in den Arm und hält mich fest. Ganz fest.

Ein Gedanke schießt mir durch den Kopf. Nur für diesen Moment, für diese feste Umarmung hat sich der ganze Ärger gelohnt. Noch nie habe ich mich so sicher und geborgen gefühlt. Jetzt ist er da. Der Mann, der auf mich aufpasst und mich beschützt.

„Ist mit dir alles in Ordnung?", flüstert er mir ins Ohr. Ja, jetzt ist alles in Ordnung.

Er lässt mich nicht los. Er hält mich weiterhin in seinen Armen. Aber er dreht sich mit dem Kopf zu den Polizeibeamten und fragt, was passiert ist. Sachliche Informationen werden ausgetauscht. Mich hält er weiterhin einfach nur fest.

Übrigens, ein Foto habe ich doch noch gemacht. Mit dem Handy, als die anderen zum Händewaschen waren.

Eigentlich hätte Anatoli die ganze Nacht Dienst. Er arbeitet für die Eisenbahn. Er bewacht ein Depot, damit nichts wegkommt. Eine der wenigen Branchen bei der es einen Zuwachs an Arbeitsplätzen gibt. Security. Alles wird in Russland bewacht. Sogar mit der Waffe verteidigt. Anatoli hat auch eine Ausbildung an der Pistole. Wenn er zwischen den Güterwagons unterwegs ist, hat er sie dabei.

Heute musste er eine Prüfung für den Gebrauch des Revolvers ablegen. Er hat bestanden.

Als Anatolis Chef vom Einbruch erfuhr hat er ihm für den Rest der Nacht freigegeben. Ich werde also nicht allein in der Höhle übernachten müssen. Jetzt bin ich doch froh darüber.

Wir kommen zurück und beginnen das kleine Haus vom schwarzen Pulver zu reinigen. Überall finden wir diese Zeichen des Einbruchs. Mit Spülmittel geht das Zeug ganz gut ab. Anatoli sieht in den Kühlschrank und bemerkt noch einen weiteren Verlust. Eine große Tüte mit frischem Fisch ist weg. Omul, bestimmt drei Kilo. Eine merkwürdige Mischung an Diebesgut.

Unterdessen ist es drei Uhr. Wir beide wirtschaften in dem kleinen Häuschen wie ein altes Ehepaar. Und wir haben viel Zeit uns zu unterhalten. Tolja ist es sehr unangenehm, dass so etwas passiert ist. Ich erzähle ihm, dass auch in Deutschland sehr häufig in Einfamilienhäuser eingebrochen wird und dass die meisten Fälle nie aufgeklärt werden. Er hat große Hoffnungen, dass es hier anders ist. Der Kommissar hat ihm gesagt, dass er den Diebstahl aufklären wird. Tolja ist überzeugt davon. Ich, ehrlich gesagt, nicht.

Ich verstehe, dass sich Tolja sehr über den Vorfall ärgert, aber ich finde auch sehr angenehm, wie ruhig er bleibt. Ich fühle mich ihm sehr nah. Ich mag Männer, die sich nicht künstlich aufregen. Ich habe das Gefühl, ihn schon gut zu kennen. Nicht durch Gespräche, sondern durch unser Handeln lernen wir uns kennen. Eine wirklich neue Erfahrung für mich.

Gegen halb vier liegen wir im Bett. Er entschuldigt sich noch mehrmals für den Vorfall. Ich bin vollkommen ruhig und habe kein bisschen Angst.

Der Sommer kann hier in Sibirien richtig heiß sein. Doch die letzten Tage waren zwar warm, aber nicht richtig sonnig. Auch heute ist es etwas bedeckt, aber angenehm warm. Ich gehe die lange aufgeschüttete Sandstraße entlang, die viele Meter in den See hineinführt. Ich denke über die Zukunft nach und genieße die Ruhe und Einsamkeit. Ich fotografiere das glitzernde Wasser und wünsche mir eine Idee für ein gemeinsames Leben.

Auf dem Rückweg treffe ich eine Polizeibeamtin. Bei ihr mussten wir in den vergangenen Tagen viel Zeit verbringen. Sie hat mir russische Texte diktiert, manchmal sogar Buchstabe für Buchstabe und sie hat nach vielen Preisen für die verschiedenen geklauten Dinge gefragt. Oft wusste ich gar nicht, was ich angeben sollte, denn die Ringe waren ja Geschenke und ich habe keine Ahnung, was so etwas kostet.

Aber dann kam die große Überraschung. Als wir das dritte Mal in dem kleinen Büro saßen, legte mir der Kommissar eine Handvoll Schmuck auf den Tisch, dazu eine karierte Bluse, die ich noch gar nicht vermisst hatte, einen Pullover und mein Geld. Nur das Kleingeld und der Fisch tauchten nicht wieder auf. Auch der Dieb war kurz mit im Büro, ein blonder junger Mann, der den Blick nach unten gerichtet hatte und dem das bestimmt noch peinlicher war als mir. Er tat mir leid.

Als ich nun auf meinem Rückweg die Polizistin treffe, spricht sie mich an. Fragt, wie lange ich denn noch hier sei, ob ich mit dem Zug oder dem Flugzeug zurückkehre, wie es mir gefällt, usw. ... Es entwickelt sich ein richtig kleines Gespräch und ich bin selbst erstaunt darüber, dass ich am Ende sogar verstehe, dass Anatoli und ich in den nächsten Tagen noch einmal vorbeikommen sollen, um wieder etwas zu unterschreiben.

Als ich von diesem Gespräch berichte, ist Anatoli total überrascht, was ich da alles verstanden habe. Ich ehrlich gesagt auch.

Doch das mit dem Verstehen ist ganz unterschiedlich. An manchen Tagen geht nichts. Heute, zum Beispiel, habe ich nichts verstanden. Irgendwie dachte ich, dass die ganze Einbruchgeschichte nun mal ein Ende hat. Scheint aber nicht so zu sein. Wir sitzen im Auto und fahren nach Sewerobaikalsk. Wir müssen dort zu einer anderen, größeren Polizeistation und wieder was unterschreiben. Schon wieder? Ich kann das gar nicht glauben. Anatoli wirkt auch irgendwie genervt, jedenfalls redet er kaum.

Ich sitze neben ihm und schaue aus dem Fenster auf den See. Die Straße zwischen Nischneangarsk und Sewerobaikalsk führt direkt am See entlang. Das Auto hat das Lenkrad auf der rechten Seite, kommt vermutlich aus Japan. Der See liegt links. Anatoli kann mich nicht sehen, wenn ich aufs Wasser starre. So kann er auch nicht sehen, dass mir die Tränen die Wangen runter laufen. Ich weiß selbst nicht warum. Ich spüre nur, dass ich genug habe von den Besuchen bei der Polizei, dass ich keine Lust mehr darauf habe nichts zu verstehen, dass ich nichts mehr unterschreiben möchte, was ich nicht lesen kann und dass es mich irritiert, dass Anatoli so distanziert war heute Vormittag.

Ich versuche noch einmal zu fragen, worum es bei dem Termin eigentlich geht. Als Tolja sieht, dass ich geweint habe, bremst er das Auto und bleibt sofort am Straßenrand stehen. Er nimmt meine Hand, fragt, was denn los sei, ob ich krank wäre, ob er etwas falsch gemacht hätte. Er ist total entsetzt und ganz verwirrt.

Ich versuche ihm klar zu machen, dass es für mich schwierig ist. Zu Hause die selbstbewusste Frau, die mehr oder weniger alles im Griff hat und hier das Frauchen, das nichts kapiert.

Mit ganz einfachen russischen Sätzen erklärt er mir, dass wir zum Gericht müssen. Es geht um die Verurteilung des jungen Einbrechers.

Noch schlimmer. Ich erkläre ihm sehr bestimmt, dass ich nichts aber auch gar nichts dort sagen oder unterschreiben werde ohne einen Dolmetscher. Hier kann ein falsches Wort von mir doch irgendwie entscheidend für das Strafmaß des Täters sein, oder was auch immer. Mit mir nicht. Anatoli versteht mich. Er sagt, dass er alles dort klären wird.

Im Gerichtsgebäude warte ich im Eingangsbereich. Er ist lange in irgendwelchen oberen Etagen unterwegs. Ich bin sehr froh, als er wiederkommt und mir sagt, dass jetzt alles geklärt sei und ich bin erleichtert, dass ich mich da raushalten konnte. Vorerst jedenfalls.

Ich soll Dolmetscher sein. So haben es sich Anatoli und sein Bruder Alexander jedenfalls ausgedacht. Ich soll für einen amerikanischen Touristen übersetzen, der mit Anatoli, Alexander und mir durch die Taiga zur Rentierfarm will. Dass ich nicht super gut Englisch und vor allem noch weniger Russisch spreche, finden die beiden Russen nicht so schlimm. Sie halten ihren Plan für genial, denn der Ami spricht gar kein Wort Russisch und sie kein Englisch, da bin ich doch die beste Besetzung.

Ich widerspreche nur ungern, denn ich will den Ausflug zur Farm unbedingt mitmachen, aber übersetzen vom Russischen ins Englische und umgekehrt, na, das kann ja was werden.

Mein Widerspruch wird überhört und wir sind auf dem Weg nach Uojan. Dort wohnt Alexander und dort wird mein Abenteuer mit den drei Männern beginnen.

Anatoli und ich fahren mit dem klapprigen Lada von Nischneangarsk nach Uojan. Wir sind ungefähr drei Stunden auf ei-

ner unbefestigten Straße unterwegs, immer durch den Wald. Nur zweimal kommen wir an so etwas wie einem Dorf vorbei. Meistens liegt links vom Weg die Bahnstrecke. Aber irgendwie ist es trotzdem sehr einsam hier.

Wir lachen viel. Am meisten lacht Anatoli, als ich versuche, mit seinem Auto zu fahren. Auf gerader Strecke funktioniert das sehr gut, aber als eine Kurve kommt merke ich, dass das Auto keine Servolenkung hat und ehrlich gesagt, Bremsen scheint das Auto auch nicht zu besitzen. Ich komme fast von der Fahrbahn ab und bevor ich das wertvolle Gefährt kaputt mache, lasse ich lieber wieder Anatoli ans Steuer. Als wir eine kleine Pause machen, um Tee zu trinken, Käse, Wurst und Brot zu essen, werden wir von Milliarden von Mücken überfallen. Ich ahne, was uns auf dem Weg durch die Taiga erwartet.

Der Empfang in Uojan ist herzlich. Vollkommen entspannt, als ob ich schon immer zur Familie gehöre, werde ich von der jüngeren Schwester Galina und ihrem Mann begrüßt. Sie leben mit ihren beiden Söhnen im ehemaligen Elternhaus der Geschwister. Hier sind sie alle groß geworden. Wie viele Menschen heute noch in dem kleinen Dorf leben, weiß ich nicht. Wenn man danach fragt, erfährt man nur, dass viele weggegangen sind. Früher gab es einen großen holzverarbeitenden Betrieb, Rentierzucht, eine Schule usw. Davon ist nicht viel übriggeblieben. Die Schule hat vor sieben Jahren geschlossen, die Betriebe gibt es nicht mehr. Die wenigen Dorfbewohner sind meist arbeitslos und helfen sich gegenseitig. Die Kinder werden mit dem Schulbus zum nächst größeren Ort Nowy Uojan gefahren.

Das alte Uojan ist malerisch gelegen. Eingebettet in eine Kulisse aus hohen Bergen. Auf den höchsten von ihnen liegt der Schnee bis in den Sommer hinein. Jetzt allerdings, Mitte August, ist Hochsommer, und da ist auch der letzte Schnee geschmolzen.

Wir trinken Tee, essen Suppe und gehen weiter, andere Familienmitglieder besuchen. Noch zwei weitere Schwestern wohnen im Ort. Hier sind die Besuche nur kurz. Wir sagen nur Hallo und sind wieder weg.

Wir machen einen Abstecher ins Kulturhaus. Ich kenne den Ort durch unsere Dreharbeiten. Wir hatten uns hier mit sechs Frauen einer ewenkischen Kulturgruppe getroffen. Sie hatten für uns traditionelle Lieder gesungen. Jetzt ist Disko im Kulturhaus. Ein Kindergeburtstag, wie sich herausstellt. Kleine Mädchen in kunterbunten Ballkleidchen und schick angezogene Jungen kommen ab und zu aus dem Saal, um draußen frische Luft zu schnappen. Anatoli geht mit mir in einen Nebenraum. Er zeigt mir Seiten aus der Schulchronik des Ortes. Im vergangenen Jahr gab es ein großes Treffen der ehemaligen Schüler des Dorfes. Jede Abschlussklasse hat ein Plakat angefertigt, immer mit der Jahreszahl, den Namen und Bildern der Absolventen. Fast die ganze Familie von Anatoli ist hier vertreten. Sie sind alle hier aufgewachsen und zur Schule gegangen.

Bei Alexander taut Tolja richtig auf. Der große Bruder, das Vorbild, der Mann, der versucht, die ewenkischen Traditionen zu erhalten. Hier in Uojan hat er ein sehr schönes Haus mit Garten. Seine Frau ist nicht zu Hause, sie besucht gerade die erwachsenen Söhne in der burjatischen Hauptstadt Ulan-Ude. Die Männer haben sich viel zu erzählen. Ich gehe schlafen und genieße die Ruhe. Nur ab und zu höre ich draußen einen Hund bellen und die Männer, wie sie in der Küche erzählen und lachen. Ich fühle mich geborgen und schlafe wunderbar bis zum nächsten Morgen.

Ich soll nur so viel in meinen Rucksack packen, wie ich selbst tragen kann. Ein weiser Rat, den ich auch artig befolge. Das denke ich jedenfalls zu diesem Zeitpunkt.

Dann fahren wir nach Nowy Uojan. Auch eine Siedlung, die in den 1970er Jahren mit dem Bau der BAM entstanden ist. An der Strecke der Eisenbahntrasse gibt es einige solcher Orte. Sie sind noch da, aber das quirlige Leben, das herrschte, als aus den verschiedenen Sowjetrepubliken junge Leute und abenteuerlustige Bauarbeiter hier gelebt und gearbeitet haben, ist längst Vergangenheit. Doch in Nowy Uojan gibt es sogar zwei Hotels. Am Hotel, mit dem deutschen Namen „Kaiser", treffen wir Wayne.

Wayne ist nicht Amerikaner, sondern Australier, er spricht tatsächlich nur Englisch und ganze fünf Worte Russisch. Aber er hat ein englisch-russisches Wörterbuch dabei. Dazu meine genialen Sprachkenntnisse, das wird schon klappen.

Wayne macht auf mich erst einmal nicht den Eindruck eines großen Abenteurers. Er ist sehr ruhig und lässt das, was da kommt, auf sich zukommen. Ich auch. Was anderes bleibt uns auch gar nicht übrig, denn so ganz habe ich den Plan der beiden Ewenken auch nicht verstanden. Tja, Russisch müsste man können. Aber ich habe verstanden, dass wir noch in ein Geschäft gehen, um Brot zu kaufen und dass wir danach aufbrechen. Ich kann Wayne übersetzen, dass unser Ausflug mit einer Autofahrt beginnt, die uns erst einmal ca. achtzig Kilometer in die Taiga führt. Dass wir für diese Kilometer fünf Stunden brauchen werden, hat noch keiner verraten.

Wir fahren los. Alexanders Lada Niva macht einen sehr viel besseren Eindruck als Anatolis Auto. Der Weg führt an der Bahn entlang. Es ist eine unbefestigte Straße, aber wir kommen gut voran. Ich frage Wayne aus. Wie kommt ein Australier hierher?

Eigentlich arbeitet er in der Mongolei an einem Wasserprojekt. Jetzt hat er Urlaub, aber um nach Hause zu fahren war ihm die Zeit zu knapp. So hat er sich entschlossen, im benachbarten Russland auf Entdeckungstour zu gehen. In seinem Hotel in Sewerobaikalsk schlug man ihm eine Tour in ein ewenkisches Dorf vor. Er würde die Lebensweise der Ureinwohner kennenlernen. Naja, ganz falsch ist das nicht, aber ganz richtig auch nicht. Wir fahren in die absolute Einsamkeit. Die Ewenken, die er kennenlernen wird, sind Alexander und Anatoli, zumindest Halbewenken und die uralte Tradition der Rentierzucht. Ein ewenkisches Dorf gibt es hier nicht. Ich erzähle ihm von unserem Film und was wir über die Ureinwohner erfahren haben. So wird es für ihn doch noch so etwas wie Bildungsurlaub.

Ab und zu halten wir an. Dafür gibt es verschiedene Gründe. Erstens rauchen. Alexander ist zwar der einzige Raucher, aber schließlich fährt er ja auch, da kann er entscheiden, wo es eine gute Stelle zum „Ausruhen" gibt.
Dann gibt es Stopps, die Wayne und mich verwundern. Alexander hält an, Anatoli und er steigen aus. Gehen kurz in den Wald und kommen mit Brettern wieder, die hier scheinbar versteckt gewartet haben. Diese werden dann auf dem Dach des Ladas festgemacht, und die Fahrt wird fortgesetzt. Nach ungefähr zehn Minuten löst sich das Rätsel. Auf dem Weg hat sich eine riesige Pfütze gebildet. Ein Schlammloch.
Die Russen ziehen ihre Gummistiefel bis über die Knie, nutzen die Bretter, um eine Art Brücke zu bauen. Danach werden

die Bretter wieder im Wald versteckt. Kommen wir an eine solche Stelle, ohne dass vorher Bretter eingesammelt wurden, verschwinden die Männer auch im Wald. Kommen mit großen Ästen und kleinen Stämmen zurück und bauen so einen Weg fürs Auto. Wayne findet das Ganze sehr spannend und hilft mit. Ich mache Fotos von den Aktionen und finde, dass Wayne vielleicht doch einen ganz guten Abenteurer abgibt.

Etwas verunsichert wirkt er allerdings, als Alexander aus einem Versteck einen kleinen Benzinkanister holt und mit Zigarette im Mund den Treibstoff in den Tank laufen lässt. Allerdings hat der Australier nicht gesehen, dass Alexander die Zigarette noch nicht angezündet hat. Vielleicht fand Alexander, dass das Ganze einfach nur cool aussieht.

Anatoli und Alexander haben sich viel zu erzählen. Eigentlich ununterbrochen reden sie miteinander. Ab und zu ahne ich, worum es geht. Zum Beispiel wird ausführlich über den Einbruch und den Diebstahl berichtet. Bis ins Detail berichtet Anatoli seinem Bruder davon. Auch wenn ich nicht alles verstehe, hier weiß ich worum es geht. Ich war ja dabei und kann Wayne meine Variante der Ereignisse berichten. So vergehen die Stunden im Auto eigentlich relativ schnell.

Zeitweise sitzt Anatoli hinten bei mir. Dann hält er meine Hand und passt auf, dass bei sehr großen Schlaglöchern mein Kopf nicht irgendwo gegenprallt. Ich finde es aufregend.

Und es ist ein gar nicht so schlechtes Gefühl, wenn man nicht ständig redet. Ich finde es gut, dass ich über jeden Satz, den ich sagen will, jede Frage, die ich stellen will, erst nachdenken muss. Ich quatsche nicht, wie sonst bei mir üblich, drauf los, sondern brauche meine Zeit, um die Worte zu finden. Oft reichen meine Sprachkenntnisse auch gar nicht aus, und die Frage, die ich stellen wollte, bleibt ungefragt. Auch nicht schlimm, denn dadurch beobachte ich viel genauer, freue mich, wenn sich Dinge von selbst erklären und genieße meine eigene Schweigsamkeit.

Wir machen Halt an einem heiligen Ort. Irgendwann hat ein Schamane festgelegt, dass hier ein wichtiger Ort ist. Ich frage, was Alexander und Anatoli über den Schamanismus denken. Ich glaube, sie verstehen meine Frage nicht. Der alte Glaube ist einfach da und wird dort, wo es möglich ist, noch gelebt. Ein solcher Ort wie hier wird verehrt, aber darüber nachgedacht, warum sie das tun, haben die beiden noch nicht. Es funktioniert und deshalb tun sie es. So legen wir gemeinsam Geld und Zigaretten für die Geister nieder und bitten um eine unfallfreie Fahrt. Am Baum hängen Patronenhülsen und eine alte Brille. Anatoli zeigt uns Kratzspuren am Baum. Hier muss ein Bär hochgeklettert sein. Vermutlich hat er sich die Süßigkeiten geholt, die andere Einheimische hier für die Geister deponiert hatten.

Wir fahren weiter und scheinbar klappt das mit den Wünschen an die andere Welt, jedenfalls kommen wir gut vorwärts.

Mitten im Wald begegnet uns ein riesiges Baufahrzeug. Der Mann ist mit diesem langsamen Gefährt bis Irkutsk unterwegs. Er wird viele Wochen brauchen.

Dann wieder kilometerlang keine Spuren von menschlichen Aktivitäten. Nur Wald, Pilze, Beeren und der Weg. Dann plötzlich so etwas wie ein Holzeinschlag oder Steinbruch. Aber keine Bauarbeiter.

Als wir wohl den höchsten Punkt der Bergkette erreicht haben, machen wir wieder eine Pause. Es gibt Tee, Käse, Wurst und Brot. Alexander telefoniert. Er sagt, dass es danach keinen Handyempfang mehr geben wird und zwar solange, bis wir auf dem Rückweg hier wieder ankommen.

Der Ausblick ist wunderschön und trostlos zugleich. Hier oben gibt es kaum noch Bäume. Nur vereinzelt stehen schwarz verkohlte Reste von Bäumen herum. Einerseits sind wir wohl nah an der Baumgrenze, andererseits hat hier vor ein paar Jahren ein

Waldbrand gewütet. Keine Seltenheit in dieser Gegend. Manchmal werden die Feuer von Blitzen ausgelöst, aber häufig ist wohl auch der unvorsichtige Umgang mit Lagerfeuern oder Zigaretten schuld.

Von nun an fahren wir die Berge wieder runter. Schnell wird es wieder waldiger und sieht aus wie auf der anderen Seite der Bergkette.

Wieder ein kurzer Halt und irgendwie ist Anatoli plötzlich sehr aufgeregt. Er nimmt meine Hand und führt mich zu einer kleinen Jagdhütte. Die hat sein Vater gebaut. Er zeigt mir die Hütte von innen. Und er redet. Viel mehr als sonst. Er erzählt von früher, von einer glücklichen Zeit, von seiner Kindheit, von den Geschwistern von den Eltern.

Anatoli hat vor vierzehn Jahren seine Mutter und vor zehn Jahren seinen Vater verloren. Ich glaube, sie fehlen ihm sehr. Wenn er von seinen Eltern spricht, spüre ich Hochachtung und Stolz. Er erzählt, wie er mit seinem Vater hier übernachtet hat. Wie sie zusammen zur Jagd gegangen sind. Ich möchte ihn in den Arm nehmen, aber wir müssen weiter. Anatoli will noch schnell ein Foto von mir vor der Hütte machen. Dann fahren wir wieder los. Es ist nicht mehr weit. Jedenfalls nicht mehr weit mit dem Auto. Dass danach ein Fußmarsch durch die Taiga ansteht ist mir klar. Ungefähr sieben Kilometer sollen es sein. Klingt für mich machbar und noch habe ich keinerlei Bedenken, aber das wird sich bald ändern.

Alexander verlässt den festgefahrenen Weg. Er steuert den Lada Niva in den Wald. Keine Ahnung, woran er die Stelle erkannt hat. Für mich sieht hier alles gleich aus.

Aber der Ort muss richtig sein, denn es gibt einen kleinen Holzverschlag, so etwas wie eine große Kiste. Darin lagern ein paar Werkzeuge, Gummistiefel und ein Benzinkanister.

Alle machen sich startklar zur Wanderung. Auch Wayne und ich. Alles, was vielleicht doch überflüssig ist, bleibt hier, alles andere wird in den Rucksack gepackt. Es beginnt ein wenig zu regnen. Ich entscheide mich für meine Regenjacke, gegen die Baumwolljacke, die mir Anatoli angeboten hat. Oh, Gott, wenn ich gewusst hätte. Alexander setzt mir einen Hut mit Mückennetz auf den Kopf. Ich sehe total bescheuert aus. Findet Anatoli wohl auch, jedenfalls macht er Fotos, amüsiert sich und versucht immer wieder mir doch seine Jacke aufzuschwatzen. Ich stelle mir einen richtigen Regenguss vor und bleibe bei meiner deutschen Regenvariante.

Die Gummistiefel, die ich bekomme sind viel zu groß, aber ohne geht es wohl nicht. Soweit verstehe ich die Männer. Anatoli zaubert aus den Tiefen seines Rucksacks mehrere dicke Socken hervor. Ich ziehe drei Paar davon übereinander und habe das Gefühl, so kann es funktionieren. Sieben Kilometer, ungefähr anderthalb Stunden, das kann man auch mit zu großen Stiefeln packen ... wenn ich da schon gewusst hätte ...

Anatoli versucht zum letzten Mal mir seine blaue Arbeitsjacke schmackhaft zu machen, ohne Erfolg.

Nach fünf Minuten wandern verfluche ich die Gummistiefel zum ersten Mal. Wir sind wirklich gerade erst losgelaufen, da soll ich mit diesen Dingern über einen Baumstamm balancieren, der über einen relativ breiten Bach führt. Ich finde die Schuhe zu rutschig, das Wasser darunter ganz schön nass und bin froh, als ich irgendwie auf der anderen Seite angekommen bin. O.k., wenn das so weiter geht, wird die ganze Tour wohl doch etwas länger dauern.

Der Weg, der sich vor uns zeigt, ist auch kein Weg im wörtlichen Sinne. Vielleicht ein Pfad, den die Tiere getrampelt haben, vielleicht die Spuren von Alexander, als er vor ein paar Wochen hier durchs Dickicht gestreift ist, mehr nicht. Ein Weg ist was anderes. Nach zehn Minuten setze ich den blöden Mückenhut ab.

Er schränkt mein Blickfeld viel zu sehr ein und wenn ich nicht sehe, wo ich hintrete, weiß ich auch nicht, wo die Wasserlöcher sind. Denn unterdessen ist der Pfad gar nicht mehr vorhanden. Wir wandern quer durch den Wald. Alexander in einem Wahnsinnstempo vorne weg und wir hinterher. Nach fünfzehn Minuten bitte ich Anatoli, mal kurz meinen Rucksack zu nehmen, ich muss die Regenjacke ausziehen. Die paar Tropfen waren alles an Feuchtigkeit von oben; die Jacke ist absolut nicht atmungsaktiv und ich schwitze mich gerade zu Tode. Anatoli lächelt wissend und mild und bindet mir ein Baumwolltuch gegen die Mückenangriffe um den Kopf. Zwanzig Minuten nachdem wir aufgebrochen sind, sehe ich aus wie eine sibirische Großmutter; mir sind die Mückenmassen vollkommen egal, ich ärgere mich, dass ich nicht auf den Mann gehört habe und stapfe weiter durch den Wald.

Immer mehr wird mir auch klar, warum die Gummistiefel die richtige Entscheidung waren. Unterdessen waten wir ab und zu durch kleine Rinnsale, unter grünem Gras verbergen sich Moor und Schlamm, und wenn es bergauf geht, wird es plötzlich trocken und staubig.

Ich habe das Gefühl, wir sind schon kilometerweit gelaufen. Irgendwann frage ich, wie weit es denn noch sei, denn ehrlich gesagt, komme ich langsam an meine persönliche Wandergrenze. Nicht mehr weit, ist die Antwort der Russen. Warum glaube ich das eigentlich nicht?

Wayne versichert mir, dass er froh ist, dass ich dabei bin, denn sonst wäre er eindeutig der Langsamste.

Ab und zu machen wir Pause. Wasser schöpfen wir aus dem Bach, der immer wieder neben uns auftaucht, Moosbeeren und Blaubeeren sind der kleine Snack für zwischendurch. Ich erkläre, dass ich es ganz schön anstrengend finde, da ich solche Touren aus der Stadt ja nicht gewöhnt bin. Daraus machen die beiden Russen den Spitznamen für mich, der mich in den nächsten Tagen verfolgen wird: „City woman". Ich denke an meine Freundinnen, an meine Schwester und an meine Kolleginnen. Wenn ich City woman bin, was wären die denn dann? Ich komme nach jeder Pause wieder gut in Gang und weiter vorwärts, aber auch weil Anatoli mir unterdessen alles abgenommen hat, was irgendwie geht. Ich trage gar nichts mehr. Er schleppt meine blöde Jacke, meinen Rucksack und die Verantwortung. Ich versuche einfach nur durchzuhalten.

Dass so ein paar Kilometer so anstrengend sein können, hätte ich nie für möglich gehalten.

Auf meine Frage, wie lange wir denn noch unterwegs sein werden, wird mir weiterhin nicht geantwortet. Bald sind wir am See, dann könne ich mich ausruhen. See, da war doch was. Hatte Anatoli nicht gesagt, nach dem See geht es noch weiter zu Fuß? Einfach nicht drüber nachdenken. Einfach weiterlaufen. Wenn man läuft, sind die Mücken auch nicht so lästig. Bei den Pausen ist das viel schlimmer. Manchmal setzen wir uns einfach hin. Dort, wo die Rentierflechte ganze Teppiche gebildet hat, ist es trocken und weich. Anatoli sagt, ich solle mich hinlegen. Er zieht seine Baumwolljacke aus, die mit dem Tarnmuster, über die ich mich schon etwas lustig gemacht habe, denn die meisten Russen nutzen die Kleidung der Soldaten als Arbeitskleidung. Sie sehen für mich immer alle aus wie im Manöver, aber unterdessen verstehe ich warum sie diese Kleidung bevorzugen. Es gibt sie für jede Jahreszeit; sie ist preiswert, robust und ja ..., sie ist atmungsaktiv. Er legt die Jacke über mich. Ich kann mich darunter erholen, ohne von den Mücken aufgefressen zu werden und bekomme trotzdem Luft. Nie wieder werde ich mich über die Armeekleidung lustig machen.

Der Wald wird jetzt zum Dickicht. Trotzdem gibt es wenig Tiere. Jedenfalls hört und sieht man keine. Ab und zu ein Vogel, aber viel weniger als in unseren Wäldern. Dafür gibt es viel mehr Pilze. Doch zum Sammeln ist keine Zeit und ich bin so froh, nichts tragen zu müssen, dass mir die Pilze echt egal sind. Plötzlich stehen wir am See. Ein riesiger See, eingebettet in eine hügelige Landschaft. Klares Wasser und genau an der Stelle, an der wir aus dem Wirrwarr der kleinen Bäume und Sträucher heraustreten, liegt ein Boot.

Jetzt wird mir auch klar, warum Alexander die ganze Zeit einen kleinen Kanister mit Benzin mitgeschleppt hat. Er hatte das Benzin aus dem Lada abgelassen und in den Kanister gefüllt. Ich dachte, es ist so was wie Diebstahlschutz, damit niemand mit dem Auto einfach wegfahren kann. Aber jetzt schüttet er das mitgebrachte Benzin in den Tank des Metallboots, das hier am Ufer auf uns gewartet hat. Der Motor springt sofort an und wir fahren ungefähr drei Kilometer über den wunderschönen See. Anatoli ist in seinem Element. Er liebt diesen Ort und ist stolz, ihn mir zeigen zu können.

Ich würde gern den Moment noch mehr genießen, denn es ist ein magischer Ort. Ich spüre es. Doch meine Angst vor dem weiteren Fußmarsch ist größer. Ich wage nicht zu fragen, wie lange wir danach noch laufen müssen. Mir ist schon klargeworden, dass es ohne mich bestimmt schneller gehen würde, aber ich gebe mir große Mühe, die Truppe nicht zu sehr zu behindern.

Am anderen Ufer des Sees stehen zwei Hütten. Eine ist eine Banja, eine russische Sauna, das andere eine Schlafhütte. Es gibt Tee, etwas zu essen und eine Pause. Auch Wayne ist k. o., und auf seine Frage, wie weit es denn noch sei, heißt es, noch ungefähr zwei

Kilometer. Also den größten Teil habe ich geschafft, das Stückchen bekomme ich auch noch hin. Dann fällt mir ein, dass wir ja in zwei Tagen schon wieder zurückwollen. Das Ganze in zwei Tagen wieder retour. Oh Gott, am liebsten würde ich hierbleiben. Eigentlich könnten mich die Männer auch hierlassen. Ich würde schwimmen, in die Sauna gehen, angeln, was weiß ich ... nur nicht mehr weiter wandern. Aber dann würde ich die Rentiere nicht sehen, wäre allein ohne Anatoli. Nein. Das will ich dann doch nicht. Nach einer halben Stunde machen wir uns wieder auf den Weg. Die Hütte bleibt offen, für jeden, der hier eine Übernachtung braucht.

Der weitere Weg hat es in sich. Moor, Schlamm, Wasser, immer mehr Wasser. Meine Gummistiefel haben keinen langen Schaft, ich kann damit nicht durch das Wasser kommen. Anatoli hat Gummistiefel, die er bis zum Po ziehen kann. Sie sind so schwer, dass ich mich schon die ganze Zeit wundere, wie er damit vorwärtskommt. Kurzentschlossen bringt er das Gepäck auf die andere Seite, dann holt er mich. Er trägt mich durchs Wasser. Der arme Mann. Der starke Mann. Ich bin wirklich beeindruckt.

Auf der anderen Seite geht es bergauf. Es wird sandig und trocken. Egal wann ich frage, die Antwort lautet jetzt immer: noch fünfundzwanzig Minuten. Insgesamt sind wir nochmal zweieinhalb Stunden unterwegs.

Kurz bevor wir tatsächlich auf der Farm ankommen, zeigen uns die Männer eine Bärenfalle. Die sieht aus wie ein kleines Zelt, das aus Ästen und Gestrüpp gebaut wurde. Anatoli zeigt Wayne und mir, wie sie funktioniert. Der neugierige Bär würde ins Innere klettern. Dort sind in einem Beutel Köder versteckt, die ihn anlocken. Will er dann wieder raus, verfängt sich der Bär in einer Drahtschlinge, die sich zuzieht. Wayne fragt, ob das erlaubt sei. Warum nicht, antwortet der Ewenke. Dem Bär sei ja auch erlaubt, sich für die Rentiere auf der Farm zu interessieren. Wie zum Beweis kommen wir an einem weißen Rentierskelett vorbei.

Zweihundert Meter nach der Bärenfalle kommen wir auf der Farm an. Es ist fast einundzwanzig Uhr. Ich bin so k.o. wie schon lange nicht mehr. Aber ich bin auch stolz, angekommen zu sein. Nur der Gedanke an den Weg zurück, in zwei Tagen, macht mir etwas Angst, aber was soll's. Jetzt bin ich erst einmal hier und werde die Rentiere sehen.

Umso erstaunter bin ich, dass kein einziges Tier da ist. Nur der Hund, der den Namen Taiga trägt, begrüßt uns freudig. Und ich treffe Sascha wieder. Sascha habe ich bei unseren Dreharbeiten kennengelernt. Er kümmert sich um Alexanders Rentiere. Er lebt fast ausschließlich hier draußen in der Natur. Ich frage ihn, wo denn die Tiere sind? Ich lerne, dass Rentiere frei im Wald leben. Sie kommen am Morgen selbstständig zur Farm, bleiben den Tag über hier auf der Farm und gehen am Abend wieder zurück in die Wildnis. Jetzt sind sie schon alle im Wald verschwunden. Ich bin ein wenig enttäuscht, aber ehrlich gesagt, auch so müde, dass mir gerade alles egal ist.

Anatoli hat in der Hütte das Bett bezogen. Er hatte in seinem Rucksack extra Bettwäsche mitgeschleppt. Normalerweise schläft man hier auf einem Holzgestell mit Rentierfell als Unterlage und einer Decke oder einem zweiten Rentierfell als Zude-

cke. Ich darf mich in rosa Bettwäsche mit Rosenmotiv kuscheln und bin eingeschlafen, bevor die anderen in die Hütte kommen.

Es ist sieben Uhr morgens. Es wird ein sonniger Tag werden aber noch ist es ganz schön frisch. Der alte Sascha hat in einer zweiten Hütte geschlafen und ist vor uns allen aufgestanden. Er hat mehrere Lagerfeuer gemacht. Drei Feuer für die Rentiere und eines für die Menschen. Der erste Tee ist schon fertig und wir sitzen auf halben Baumstämmen und warten. Plötzlich ein blechernes Geräusch. Das erste Rentier zeigt sich am Rande der Farm.

Es steht etwas verwirrt neben einem ewenkischen Dschum. Das ist ein Zelt aus Baumrinde oder Fell, wie es die nomadisch umherziehenden Ewenken früher genutzt haben. Hier steht es mehr als Symbol. Es sieht magisch aus, wie das Rentier im morgendlichen Gegenlicht am Dschum steht, uns ansieht, aber sich nicht weiter traut. Sascha meint, dass das Tier erst sehen will, wer hier zu Besuch ist. Sonst ist er ja morgens mit dem Hund ganz allein und nun sind wir hier, das verwirrt das Tier etwas. Aber dann traut es sich doch an uns vorbei, läuft in das offene Gatter. Dabei klappert die Glocke, die es um den Hals hat, im Takt seiner

Schritte. Eine richtige Glocke ist das gar nicht. Marke Eigenbau. Eine Metalltasse mit einem Klöppel drin macht das gleiche Geräusch. Nach und nach trauen sich alle zweiundzwanzig Rentiere aufs Gelände. Wir sitzen am Feuer, trinken Tee und genießen das Nachhausekommen der Tiere. Sascha erzählt mir, warum die Tiere von allein aus dem Wald kommen. Einerseits wissen sie, dass es hier Salz gibt, – das wohl schönste Leckerli für ein Ren – andererseits lockt sie das Feuer, das Sascha für die Tiere macht, hierher.

Er wirft trockene Kräuter ins Feuer, so dass es eine große Rauchentwicklung gibt. In diesem Rauch werden sich die Rentiere den ganzen Tag über aufhalten. Der Qualm hält die Mücken fern. Im Wald würde es jetzt am Tage eine wahre Mückenplage geben, die Tiere könnten nicht in Ruhe fressen. So haben sie einen ganz eigenen Rhythmus entwickelt. Nachts, wenn es für die Plagegeister zu kalt ist, verbringen die Rentiere ihre Zeit im Wald, am Tage dösen sie im Rauch der Feuer und lassen sich von Sascha verwöhnen.

Als alle Tiere da sind, machen wir Frühstück. Wie immer darf ich nur sehr wenig helfen. Anatoli ist in seinem Element. Schnell ist wieder Tee mit viel Zucker auf dem Tisch, dazu Weißbrot, das etwas anders geschnitten wird als bei uns. Die dicken Schnitten werden immer noch einmal geteilt und das Brot dann zu Käse und Wurst, eingelegten Pilzen, Fisch oder Fleisch gegessen.

Draußen in der offenen Küche schmeckt es herrlich und ich hoffe, dass ich mich wenigstens danach am Abwasch beteiligen kann, aber auch da Fehlanzeige. Ich sei im Urlaub, müsse mich ausruhen und solle das einfach genießen. Ein Mann, der alles

macht ist ja schön, aber ich komme mir ein bisschen wie die Prinzessin auf der Erbse vor und das ist ja so gar nicht mein Ding.

Wirklich besonders ist hier die Toilette. Ein kleines Häuschen, etwas abseits und ohne Tür, dafür mit wundervollem Ausblick in die Landschaft.

Die Männer ziehen gemeinsam los zum Fischen. Ich bin froh, dass sie davon ausgehen, dass ich gar nicht mitmöchte. Gegen Mittag ist es wunderbar warm und als erstes nutze ich die Einsamkeit für einen Ausflug an den Fluss, der den Namen „Mama" trägt. Unterhalb der Farm rauscht der breite, relativ flache Fluss. Das Flussbett besteht aus hellen Steinen. Nur einen kleinen Weg den Hügel hinab und schon ist man da. Niemand ist hier. Ich ziehe mich aus, wasche mich in dem klaren Wasser und kann immer noch nicht fassen, dass ich hier ganz allein bin. Dann kommt mir plötzlich der Gedanke, was eigentlich passieren würde, wenn den Männern etwas zustoßen würde. Meine Fantasie reicht nicht ganz aus, um mir etwas auszudenken, was gleich alle vier Männer von der Rückkehr zu mir abhalten sollte, aber wenn …, man könnte ja mal diesen Fall in Gedanken durchspielen. Klar ist: Ich könnte hier niemals weg. Ich wüsste keine hundert Meter des Rückweges. Bis zur Bärenfalle vielleicht, aber weiter auf keinen Fall. Wer würde uns eigentlich ab wann vermissen? Die Russen sind keine großen Planer, die Ewenken erst recht nicht. Keiner weiß, wie lange wir unterwegs sein wollten, aber doch, die Schwestern von Anatoli würden nach einiger Zeit verwundert auf uns warten, einen Suchtrupp losschicken und mich hier finden. Später erfahre ich, dass auch die Schwestern den Weg niemals allein finden würden und Tonja, die Schwester, die sich vermutlich die meisten Sorgen um die deutsche Freundin ihres Bruders machen würde, weil der doch endlich mal glücklich ist, die war noch nie hier. Aber das weiß ich ja zum Glück zu diesem Zeitpunkt noch nicht. Ich überlege weiter, wie lange ich auf den Suchtrupp warten könnte, ohne zu verhungern. Es gibt genug Wasser, Pilze, Beeren, Tee und vermutlich auch ein paar Vorräte oben in der Hütte. Also, bis zum Winter könnte ich überleben. Beruhigt klettere ich wieder nach oben, bringe meine Seife und das Zahnputzzeug in die Hütte, hänge meine gewaschenen Socken in die Sonne und mache mich auf eine kleine Erkundungstour. Nicht zu weit weg von der Farm und immer am Fluss entlang. Mich hier zu verlaufen, wäre echt dumm. Ich mache Fotos

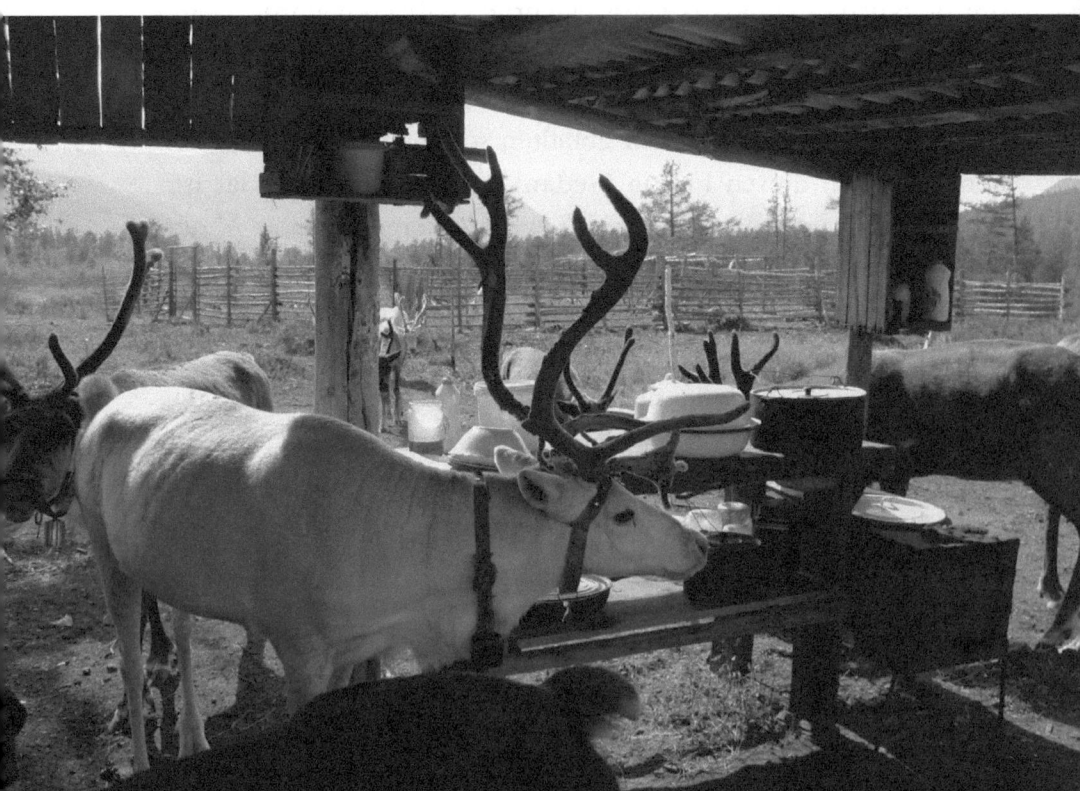

und präge mir jeden Baum und jeden Strauch ein. Ein bisschen einsam fühle ich mich schon. Aber Angst habe ich keine. Warum eigentlich nicht? Schließlich gibt es hier Bären und Wölfe. Mir fällt ein, was ich gelesen habe. Wie man sich verhalten soll, wenn man einem Bären begegnet. Viel reden, aber nicht schreien, sich wegdrehen und nicht wegrennen usw.

Ich mache mich langsam wieder auf den Rückweg. Sich hier im Wald zu verlaufen, nein, das ist dann doch was anderes als in meinen märkischen Wäldern zu Hause in Brandenburg.

Ich sitze in der offenen Küche, schreibe meine Gedanken ins Tagebuch, zeichne ein bisschen und genieße die Ruhe. Naja, Ruhe. Plötzlich poltert es. Hinter mir versuchen drei junge Rentiere in unsere Schlafhütte zu gelangen. Eigentlich ist davor ein Holzbalken, jetzt verstehe ich auch, warum der dort ist. Doch den haben die Viecher zur Seite geschoben und sind auf der Holzterrasse vorm Eingang. Ich scheuche sie weg, und sie finden das lustig. Sie kommen jetzt mit mir mit in die offene Küche, schauen in jedes Gefäß, ob da nicht was zu fressen drin ist. Die anderen Rentiere scheinen die Idee gut zu finden. Immer mehr kommen in meine Nähe. Sie sind nicht richtig zahm, aber zutraulich. Sie sind auch nicht richtig klug, würde ich sagen, eher tollpatschig. Mit ihren riesigen Geweihen stoßen sie überall an und kommen auch nicht überall durch, dann wird der Rückwärtsgang eingelegt und irgendwie kommen sie schon dahin, wohin sie wollen; egal ob etwas umfällt oder nicht. Ich finde es unterdessen ganz schön eng unter dem Dach der Küche und als dann eines der Tiere beginnt mein Tagebuch anknabbern zu wollen, versuche ich sie raus zu scheuchen. So richtig klappt das nicht, und ich denke, meine Versuche sehen echt lustig aus. Kurzentschlossen mache ich von der skurrilen Situation lieber Fotos und warte, bis die Tiere von allein gehen. Alexander amüsiert sich später sehr über die Bilder. Er sagt, die Tiere wussten genau, dass sie es mit mir machen können. Vielleicht sind sie ja doch klüger als ich denke.

Am nächsten Morgen gehen Alexander und Anatoli in den Wald. Zwei Rentiere, die vor eine Art Schlitten gespannt wurden, und eine Wolke von Mücken begleiteten sie. Anatoli hat wieder seine Armeejacke an und ein Baumwolltuch um den Kopf. Ich finde er sieht unglaublich gut und verwegen aus.

Sie kommen mit großen Holzstangen zurück aus dem Wald und reparieren ein kleines Stück an einem Gatter. Richtig hart arbeiten tut hier aber keiner. Es ist wie Aktivurlaub.

Am Abend macht sich Alexander als Erster auf den Rückweg. Anatoli, Wayne und ich gehen erst am nächsten Vormittag los. Nicht zu zeitig, denn das hohe Gras, durch das wir laufen müssen, soll noch etwas durch die Sonne getrocknet werden. Alexander wird in der Hütte am See auf uns warten; er wird die Banja anheizen, und wenn wir ankommen, können wir gleich in die Sauna. Eigentlich ein wundervoller Gedanke, aber ich stelle mir vor, wie ich nach einer Pause in der Sauna den restlichen Weg bis zum Auto schaffen soll. Lieber nicht drüber nachdenken; erst mal bis zum See kommen. Eigentlich geht das auch ganz gut. Anatoli führt uns einen etwas anderen Weg zurück. Ab und zu gibt es Wegmarkierungen, die Alexander für uns gemacht hat.

Ein abgeknickter Ast, ein Pfeil, gemalt in den Sand. Ich hätte die Zeichen glatt übersehen. Anatoli nicht. Wir kommen gut voran. Doch plötzlich stecke ich fest. Mein Gummistiefel steckt im Morast, noch ein Schritt und nun bin ich mit beiden Beinen vollkommen fest. Erst meint Anatoli, es würde reichen mir die Hand zu reichen, ich mache ihm klar, dass ich entweder ohne die Stiefel, oder gar nicht aus dieser Situation herauskomme.

Ich bin draußen, aber die Stiefel nicht. Anatoli setzt mich aufs Trockene. Er buddelt meine Stiefel aus dem Moor. Ich habe unterdessen meine drei Paar Socken ausgezogen, die alle nicht nur nass, sondern auch voller Schlamm sind, denn die Stiefel waren nicht hoch genug. Alles ist reingelaufen. Anatoli beginnt meine Socken im Bach zu waschen, meine Stiefel auszuspülen und mich immer wieder zu fragen, ob alles gut sei. Wayne schaut sich das Ganze aus einiger Entfernung an und fragt dann, ob sich denn eigentlich alle russischen Männer so liebevoll um ihre Frauen kümmern würden. Ich weiß es nicht, antworte ich. Aber ich genieße es.

Mit drei Paar nassen Socken übereinander und von innen quietschenden Gummistiefeln geht es weiter.

Nach insgesamt zwei Stunden kommen wir am See, an der Hütte und der Banja an. Es ist ein wunderbarer Ort. Magisch. Von der Hütte aus kann man fast über den gesamten See schauen. Die Banja ist noch nicht heiß und so geht es nach kurzer Verschnaufpause mit dem Boot rauf auf den See. Wir holen die Netze ein, die Alexander am Abend zuvor ausgelegt hat. Das Wetter ist nicht schön, es regnet und durch den Wind spritzt uns immer wieder Wasser ins Gesicht. Aber der Fang ist gut, und auch wenn Wayne und ich nur die touristischen Zuschauer sind, freuen wir uns über jeden Fisch der aus dem Netz geholt wird. Anatoli und Alexander arbeiten wortlos Hand in Hand. Jeder Handgriff sitzt. Ist ein Netz leer geräumt, wird es ins Boot gezogen. Dann geht es zum nächsten Netz. Es kommen ungefähr 25 Kilo Fisch zusammen. Mit den größten der Fische posiert Anatoli für ein Foto. Wie besonders der Fang ist, sehe ich erst später, als Alexander den Fisch ausnimmt und salzt. Manche Exemplare sind die seltenen rotfleischigen Lachsforellen.

Die Ewenken bereiten die Fische auf traditionelle Art zu. Mir schmeckt die ganz einfach gebratene Variante am besten. Und Anatoli freut sich, dass ich endlich mal richtig Hunger und Appetit habe. Es ist unglaublich lecker. Während wir in der Hütte alle gemeinsam aus einer Pfanne essen, beginnt es draußen noch heftiger zu regnen. Doch die Sonne scheint dabei und über dem See bildet sich ein fantastischer Regenbogen.

Danach geht es in die Banja. Und unterdessen habe ich auch kapiert, dass wir heute unseren Weg gar nicht fortsetzen. Wir werden erst morgen früh den weiteren Teil des Weges gehen. Welch Erleichterung für mich. Ich genieße die russische Sauna in vollen Zügen und finde es wunderbar, auch an diesem Ort versorgt zu werden. Anatoli hat frische Zweige geschnitten. In der Hitze der russischen Banja erlebe ich zum ersten Mal das Gefühl, wenn die Zweige und Blätter durch leichtes bis kräftiges Schlagen auf die Haut die Durchblutung anregen. Es tut nicht weh. Es ist angenehm. Vermutlich ist Anatoli bei mir sehr viel zaghafter, als es üblich ist. Aber irgendwie weckt die Sache meine Lebensgeister. Tolja erklärt mir sogar, dass man dadurch schlanker wird. Das glaube ich zwar nicht, aber ich genieße die uralte Tradition. Und dann der Wechsel von der Wärme in die frische Kühle des Sees. Ich könnte für immer an diesem Ort bleiben. Was braucht man mehr.

Anatoli und Alexander entwirren die Netze. Ich stelle Fragen. Die beiden können mir ja nicht weglaufen und geben sich viel Mühe. Sie versuchen meine Fragen zu verstehen und geben möglichst einfache Antworten. So habe ich das Gefühl, dass ich wirklich ganz schön viel erfahre. Ich glaube, so ein bisschen besser wird auch mein Verständnis dieser schweren Sprache. Ich spüre, wie wichtig den Brüdern diese Zeit in der Natur ist. Sie empfinden es als ihr wahres Leben. So haben die Ewenken in der Vergangenheit gelebt und auch, wenn sie nicht jeden Tag hier sein können oder vielleicht auch gar nicht wollen, möchten sie einen Teil dieser Lebensweise bewahren. Jagen, Fischen und die Rentiere, das gehört seit frühster Kindheit zu ihrem Leben. Das brauchen sie zum Wohlbefinden. Anatoli hatte mir bei unseren Dreharbeiten erzählt, dass er sich in der Natur frei fühlt. „Keine Probleme, keine Ängste. Man atmet anders, man denkt anders, man fühlt anders. Die Seele ist frei." So hatte er es damals beim Interview ausgedrückt. Heute spüre ich, dass es wirklich so ist. Jetzt erfahre ich auch welche Probleme ihn fast erdrücken. Das Geldproblem, das er damals andeutete, ist riesig. Vor Jahren, als in Russland alles auf dem Kopf stand, war es sehr einfach einen

Kredit zu bekommen. Manche bekamen auch zwei oder drei. Niemand kümmerte sich darum, ob das Geld jemals wieder zurückgezahlt werden konnte. Auch Tolja hat Kredite aufgenommen. Für ein altes Auto, das wieder aufgebaut werden sollte, für das Haus, das er für seine Exfrau und den Sohn gebaut hat usw. Dass es Zeiten geben wird, in denen sein Gehalt bei der Bahn nicht einmal reicht, um Strom, Miete und Alimente zu bezahlen, war ihm damals nicht klar. Das war niemandem klar.

Diese Probleme fressen ihn auf. Hier, bei unserem ersten Gespräch darüber, klingt das alles noch ziemlich harmlos. Erst viel später merke ich, dass es ihn kaputt macht. Und nicht nur das, es wird auch unsere Zukunft mehr belasten als ich zu diesem Zeitpunkt ahne. Doch noch kann ich genießen.

Die Nacht in meiner rosa Bettwäsche ist wunderbar und erholsam. Wer von uns am lautesten schnarcht, können wir nicht klären, doch irgendwie ist das auch egal, denn selbst dieses sonst so nervige Geräusch passt hier an diesen Ort.

Kurz bevor wir das Auto erreichen führt unser Weg wieder über den Baumstamm übers Wasser. Ich finde, das Holz ist durch den Regen noch glitschiger als auf dem Hinweg, und als Anatoli auf der anderen Seite angekommen ist und mich bittet, einen Moment zu warten, bis ich darüber balanciere, denke ich natürlich, dass er mir in irgendeiner Weise Hilfestellung geben will. Also warte ich artig auf der anderen Seite. Doch dann sagt er plötzlich: „Los, dawai, jetzt kannst du gehen." Er hat keinen Wan-

derstab für mich gesucht, keine Hilfsleine für mich gespannt. Er hat aus meinem Rucksack den Fotoapparat geholt und wartet nun schussbereit auf ein möglichst lustiges Foto von meinem Absturz in Wasser. Aber den Gefallen tue ich ihm nicht. Ich komme ohne Sturz auf der anderen Seite an. Ich spiele Empörung darüber, dass er mir nicht geholfen hat. Er sagt, dass es ja dann kein lustiges Foto gegeben hätte. Wir lachen. Ich vor Erleichterung, dass ich ohne das „lustige" Foto heil angekommen bin, er, weil er sowieso viel und häufig lacht. Ich liebe es, wenn er lacht. Vermutlich ist Humor so sehr in der jeweiligen Sprache verwurzelt,

dass man ihn in einer fremden Sprache schwer verstehen kann. Sicher verpasse ich viele Witze, aber insgesamt ist es fast immer lustig. Manchmal, wenn er ahnt, dass etwas schwer zu verstehen ist, sagt er vorher: „Achtung jetzt kommt ein Spaß." Das heißt nicht, dass ich die nachfolgenden Worte wirklich verstehe, aber er würde sich niemals über mich lustig machen, also lache ich einfach mit. Manchmal sind ja auch einfach die Situationen lustig, dann ist es am einfachsten für alle.

Am Auto angekommen, ziehe ich endlich wieder bequeme Wanderschuhe an. Wir verstauen das Gepäck und fahren zurück nach Uojan. In Uojan ist sein Herz zu Hause. Hier ist die Großfamilie aufgewachsen. Wir schlafen wieder im ehemaligen Elternhaus, wo heute seine jüngere Schwester Galina mit Mann und zwei Söhnen wohnt. Ich erlebe sibirischen Alltag. Ich sitze auf der Treppe vorm Haus und beobachte. Die Jungs gehen ins Gewächshaus und holen sich Tomaten. Anatoli und sein Schwager Petja versuchen etwas am Tor zu reparieren. Dazu wird einer der riesigen Holzflügel des Einfahrttores aus den Angeln gehoben und im Hof auf den Boden gelegt. Mit einer Flex wird irgendetwas abgetrennt und dann wieder angeschweißt. Von Arbeitsschutz hat hier noch niemand was gehört. In Badelatschen, mit fast freiem Oberkörper und über wild verlegte Kabel hinweg, wird gewerkelt. Es kommt ein Nachbar und fasst mit an. Dann geht er wieder und alle machen eine Pause. Plötzlich wird wieder weitergearbeitet. Für mich verläuft alles nach einem undurchschaubaren Plan und mit einer Gelassenheit, die mich fasziniert.

Galina setzt sich zu mir. Ich möchte ein Foto von ihr mit der Hauskatze machen, aber sie möchte nicht. Sie sei noch nicht geschminkt.

Später machen wir uns auf den Weg in die Schule. Also ins Schulgebäude, denn seit sieben Jahren ist die Schule geschlossen. Es ist ein unendlich trauriger Anblick. Die Klassenräume sehen aus, als ob sie noch gar nicht so lange verlassen wären. Aber das Kinderlachen fehlt. Figuren an der Wand zeugen von der russischen Auffassung der Schule. Es soll ein Ort zum Wohlfühlen sein. Liebevoll gestaltete Räume, aber leer und einsam. In einem der Räume war wohl die Bibliothek. Der gesamte Fußboden ist

mit Büchern bedeckt. Ich lese Buchtitel wie, "Lenins Kindheit", "Die Geschichte der Mathematik" und "Unsere Tiere". Es ist ein wahnsinnig trostloser Anblick. Galina hat hier als Lehrerin gearbeitet. Seit die Schule geschlossen wurde, ist sie arbeitslos. Es gibt keine Arbeit in dem kleinen Dorf. Der nächste Ort ist zu weit weg. Aussichtslose Situation, aber die Familie wirkt nicht deprimiert.

Wir besuchen Galinas Mann. Er mauert einen Ofen für die Turnhalle. Die Halle ist in einem erstaunlich guten Zustand. Galina erzählt mir, dass sie als Sportlehrerin gearbeitet hat und dass sie auch jetzt versucht, die kleine Sporthalle für die Kinder zu erhalten. Sie veranstaltet hier kleine Wettkämpfe und verteilt danach Urkunden. Das ist in Russland ganz wichtig. Es gibt viele Fotos, die davon erzählen. Nur im Winter können sie die Turnhalle nicht nutzen, da die Heizung seit längerem kaputt ist. Jetzt versucht Petja, die Sache zu reparieren. Auch er ist seit einiger Zeit arbeitslos und hat sich so eine Beschäftigung gesucht. Galina und ich spielen ein bisschen Volleyball in der Halle. Dann kommt Tolja dazu und wirft Bälle in den Basketballkorb. Oh Gott, sportlich ist er auch noch.

Ich sitze vor der Schule und warte auf die anderen. Kinder aus dem Ort gehen an mir vorbei und grüßen. Immer wieder fällt mir auf, wie ungewohnt es für mich ist, dass mich wildfremde Kin-

der freundlich grüßen, nur, weil ich eine Erwachsene bin und sich das so gehört. Ich erinnere mich dunkel daran, dass das früher bei uns auch mal so war.

Danach wollen mir Galina und Anatoli den schönsten Ort im Dorf zeigen. Wir gehen ein Stück am Fluss entlang und stehen vor einer traumhaften Landschaft. Vor uns ein riesiger Fluss, dahinter Bäume und dann schneebedeckte Berge.

Jetzt darf ich Galina auch fotografieren; jetzt ist sie zurechtgemacht.

Galina und Anatoli erzählen von ihrer Kindheit. Wie sie hier gebadet haben, mit dem Boot rausgefahren sind und sehr glücklich waren. Auch damals, in ihrer Jugend, war hier der Treffpunkt für alle. Später zeigt mir Anatoli noch ein Video. Vor ungefähr zwanzig Jahren hat er hier mal ein Neptunfest organisiert. Der Film ist lustig und erzählt viel von der Dorfgemeinschaft. Er ist auch lustig, weil Anatoli noch Locken hatte. Kaum vorstellbar, heute trägt er Glatze.

Aber der Film erzählt noch mehr. Anatoli zählt auf, wer von den damals jungen Männern heute schon nicht mehr am Leben ist. Es sind einige und ich kann gar nicht so schnell nachfragen, ob immer Alkohol, oder andere Dinge schuld daran waren. Auf alle Fälle wird mir klar: Alt wird man nicht in Sibirien.

Wir machen uns auf den Weg nach Nischneangarsk. Anatolis klappriger Lada wird auch diese Strecke schaffen. Ich fühle mich unendlich wohl. Ich habe Tolja wieder für mich allein und trotzdem das Gefühl, ich gehöre ein ganz klein wenig zu dieser wunderbaren großen Familie dazu. Sie haben mich ohne zu zögern aufgenommen. Jedenfalls glaube ich das und denke, ich werde wiederkommen. Ganz bestimmt.

Ungefähr anderthalb Stunden vor Nischneangarsk biegen wir von der Straße ab. Ich hatte mir gewünscht, noch einmal in die heißen Quellen von Dselinda zu gehen. Im Winter, an unserem letzten Drehtag, als alles im Kasten war, hatten wir uns diesen Wunsch erfüllt. Es war ein großes Erlebnis gewesen bei Minusgraden in dreiundvierzig Grad heißem Wasser in einem Schwimmbecken zu sein und die Wärme zu genießen. Das wollte ich jetzt noch einmal mit meinem Traummann genießen. Und es kommt noch eine Überraschung dazu. Anatoli kennt sich natür-

lich hier aus, und er bringt mich nicht zu dem Ort, den ich im Winter kennengelernt hatte. Ein kleines Stück weiter, mitten im Wald liegt die Badestelle der Einheimischen. Ein schlichtes Holzhaus als Umkleide, zwei Holzbecken mit unterschiedlich heißem Wasser und ein klarer, kalter Bach für die Abkühlung. Kostenlos und romantisch. Es ist fantastisch. Die Muskeln entspannen sich, die Haut fühlt sich toll an und ich bin mitten unter Russen. Wenn ich kein Wort sage, denken sie, ich gehöre zu ihnen; gehöre einfach hierher und gehöre zu ihm. Ich bin unendlich glücklich. Was brauche ich mehr? Nichts. Es ist alles gut so.

Heute sieht Tolja ganz anders aus. Er trägt zwar die schwarze Jogginghose, an die ich mich schon fast gewöhnt habe, aber merkwürdiger Weise dazu ein Hemd, weiß mit feinen Streifen. Ich weiß nicht, ob seine drei T-Shirts alle schmutzig sind und er deshalb das Hemd angezogen hat, oder ob es einen anderen Grund gibt. Er holt das kleine Auto seiner Schwester- also das neueste und beste Auto, das es in der ganzen Familie gibt – und sagt mir, dass wir einen Ausflug machen.

Ich bin dabei. Ich freue mich über alles, was ich hier entdecken darf und steige bei strahlendem Sonnenschein ins Auto. Wir fahren Richtung Sewerobaikalsk und dann immer weiter. Ich frage, wo er denn eigentlich hinwill? Er sagt, dass er das auch nicht so genau weiß, aber ich hätte doch von einer Ferienresidenz erzählt und die will er suchen.

Tatsächlich hatte ich im Internet einen Ort gefunden, der mich unheimlich überrascht hatte. Neben der ganzen Einfachheit, die wir während der Dreharbeiten erlebt hatten, muss es hier ir-

gendwo ein sehr exklusives Ferienparadies geben. Die Seite im Internet war superprofessionell und ich hatte den Eindruck, dort machen nur die ganz Reichen Urlaub. Anatoli und seine Familie wussten mit meiner Beschreibung nichts anzufangen. Nur einer konnte sich erinnern, je von einem solchen Ort gehört zu haben. Nun waren wir auf der Suche danach.

Hinter der Stadt ergeben sich wunderschöne Blicke auf den See. Wir fahren durch Kiefernwälder, über Flüsse und kleine Berge hinauf. Ab und zu halten wir an und machen Fotos von grandiosen Aussichten auf die Buchten des Baikals.

Irgendwann stehen wir mitten im Wald vor einem riesigen, grünen, undurchschaubaren Zaun. Ein großes Tor, eine Klingel. Tolja klopft und klingelt. Ich finde ihn sehr mutig. Ob er deshalb heute das Hemd angezogen hat?

Es dauert auch gar nicht lange und das Tor geht auf. Ein junger Mann fragt, was wir wollen. Anatoli erklärt, dass ich eine Journalistin aus Deutschland bin und im Internet über diesen Ort gelesen hätte. Er fragt, ob wir uns das Ferienparadies anschauen dürfen. Nein, das dürfen wir nicht. Wir erfahren aber, dass eine Nacht hier vierhundert Euro kosten soll und nicht nur ausländische Gäste kommen. Wir wundern uns und ziehen weiter. Welche wahnsinnigen Kontraste dieses Land zu bieten hat.

Später von Deutschland aus werde ich ein Angebot für einen Werbefilm an das Ferienobjekt schicken. Ich werde aber nie eine Antwort bekommen.

Tolja und ich haben noch einen wunderschönen Tag. Wir fahren zu den Glimmerseen. Hier ist ein Ferienort für normal verdienende Menschen. Die richtige Ferienzeit ist schon vorbei. In einigen Tagen fängt in ganz Russland die Schule wieder an. So sind fast alle Holzhäuschen unbewohnt und auch nur ganz wenige Ausflügler da. Das Wasser in den Seen ist glasklar und eiskalt. Tolja erzählt, dass er noch nie hier war. Im Sommer muss man wohl auch Eintritt zahlen. Das Geld hat keiner aus seiner Familie. Aber er freut sich, dass er durch mich sein eigenes Land besser kennen lernt. Er sagt, dass er erst jetzt wieder beginnt zu leben. Wir sitzen auf einem Holzsteg und machen wunderbare Pläne für die Zukunft. Pläne, die man nur machen kann, wenn

man eine sehr große rosarote Brille aufhat. Ich glaube, wir wissen beide, dass es Fantasien sind, aber in diesem Moment fühlen sie sich, sehr real an.

Meine drei Wochen Sibirien neigen sich langsam dem Ende zu. Ich habe Sehnsucht nach meinen Kindern. Aber nur nach ihnen. Nichts anderes zieht mich nach Hause. Wie lange würde es dauern, bis mir irgendetwas fehlen würde? Gespräche in meiner Muttersprache, ja die würden mir als erstes fehlen. Alles was ich hier an Kommunikation habe beruht auf Händen, Füßen und den

paar Brocken Russisch. Manchmal wundere ich mich, wie das mit der Verständigung zwischen mir und Anatoli eigentlich funktioniert. Aber es geht, und mit der Zeit erfahre ich immer mehr über den Mann, der mich so merkwürdig anzieht.

Nach der Schule hat Anatoli ein Studium in Ulan-Ude begonnen. Er hat es nicht beendet, aber danach als Kulturhausleiter in seinem Heimatdorf Uojan gearbeitet. Das Kulturhaus gibt es ja auch heute noch, aber niemand hat mehr Geld, um die Kultur zu fördern.

Am meisten erfahre ich über Anatoli, wenn wir beide ganz allein sind. So wie hier zwischen dem Baikal und dem Fluss Kitschera. Hier gibt es eine Landzunge, die vielleicht achtzig Meter breit und mehrere Kilometer lang ist. Auf der einen Seite ist das kalte Wasser des Baikal, auf der anderen das Flusswasser. Wir sind mit dem Boot hierhergefahren. Haben alles mitgenommen, was man für einen kleinen Campingausflug braucht. Ein idealer Ort zum Zelten. Am Wochenende sind hier vereinzelt Familien, die sich erholen, grillen und spielen. Auch wir waren ganz am Anfang meines Besuches mal mit der halben Familie hier. Haben Fußball gespielt, Fisch gebraten und die Sonne und das Wasser genossen. Jetzt sind wir allein hier. Mitten in der Woche. Wir haben das Zelt aufgebaut und er hat mir viel erzählt. Über den harten langen Winter in Sibirien, über seine Arbeit bei der Bahn und über den Wunsch mit mir zu leben. Ich habe diesen Wunsch auch. Ich möchte bei ihm sein, weil es sich noch nie so richtig neben einem Menschen angefühlt hat. Es hat noch nie so gepasst. Er gibt mir das Gefühl, die Richtige für ihn zu sein. Wenn ich in meiner blöden deutschen Art wissen will, woher er das weiß, sagt er nur, dass er es eben weiß. So gut hat er sich noch nie gefühlt. Genau das ist es, was mich so fasziniert. Es ist einfach so. So einfach ist es. Es wird nichts hinterfragt, nichts verkompliziert, nichts diskutiert. Unser Zusammensein ist wie ein Naturgesetz. Wir gehören zusammen, weil es uns gut geht, wenn der andere da ist. Basta. Mehr gibt es nicht zu sagen. Mein Verstand spielt verrückt. Ich bin viel komplizierter. Ich denke darüber nach, wo wir zusammen leben könnten. Ich kann mir diesen Mann nicht in meinem Land vorstellen. Ich kann mir aber auch nicht vorstellen, auf Dauer ohne meine Kinder und ohne meine Arbeit, hier zu leben. Ehrlich gesagt, das noch eher als andersrum. Aber ich schaffe etwas, was mir sonst äußerst schwerfällt. Ich schiebe all diese Gedanken beiseite und genieße das Gefühl, mit dem richtigen Mann am richtigen Ort zu sein.

Tolja macht die Musik in seinem Handy an. Er fordert mich zum Tanz auf und wir stolpern barfuß über den sandigen Boden. Links der Baikal, rechts der Fluss. Nicht sentimental werden. Nur genießen.

Anatoli ist im Zelt eingeschlafen. Kein Wunder, er war die Nacht davor fischen. Ich mache mich auf den Weg und erkunde die Umgebung. Ungefähr eine halbe Stunde lang laufe ich auf dem feinen Sand am Baikalufer entlang. Keine Menschenseele. Nur ein paar Möwen, Fischreste und Treibholz. Mir wird klar, dass Anatoli gar nicht weiß, wo ich bin und er sich Sorgen machen wird, wenn er aufwacht. Also mache ich mich auf den Rückweg. Schließlich habe ich im nassen Sand auch Spuren gefunden, die durchaus von einem Wolf stammen könnten. Vermutlich zwar eher von einem Hund, aber manchmal fällt mir dann doch auf, wie unbedarft ich an manche Dinge rangehe. Doch als ich zurückkomme, schläft Anatoli noch immer im Zelt und ich lege mich nackt in die Spätnachmittagssonne und genieße die absolute Einsamkeit.

Plötzlich raschelt es neben mir. Ein kleines Streifenhörnchen beobachtet mich. Später erzählt mir Tolja, dass es ein Buruk war. Ich

weiß aber nicht, ob es die russische oder die ewenkische Bezeichnung für das Tierchen ist. Egal, es ist auf alle Fälle sehr niedlich.

Wir kochen Kartoffeln und Tee über dem Lagerfeuer, essen Wurst und Käse. Waschen uns im See und schlafen eng umschlungen, denn er muss mich wärmen. Die Nacht ist kalt aber wunderschön.

Mein Rückreisetag kommt immer näher. Ich will nicht, aber ich weiß auch keine andere Lösung.

Tonja, eine der Schwestern, hat für mich eine Bahnfahrkarte gekauft. Dreiunddreißig Stunden dauert die Fahrt von Sewerobaikalsk bis Irkutsk. Eine unvorstellbar lange Reise. So etwas habe ich noch nie gemacht. Zwei Tage und zwei Nächte in einem Zugabteil. Fünfzig Russen und ich, eine Toilette und so viel Zeit. Ich kann es mir kaum vorstellen, bin aber neugierig und gespannt. Einen Flug habe ich nicht mehr bekommen. In Russland ist Ende August Ferienende, und das hatte ich nicht bedacht. Vom Schiff raten mir die Einheimischen ab, denn wenn es stürmt kommt das Boot erst gar nicht und ich darf ja meinen Anschlussflug in Irkutsk nicht verpassen. Also Zug, 2. Klasse. Typisch russisch. Dass es doch etwas anders kommt, weiß ich noch nicht.

Die letzte Zeit hier genießen. Natalia fragt mich, ob ich Lust habe mit in die Schule von Nischneangarsk zu kommen. Ja, klar. Alles, was mir das Leben hier näher bringt, interessiert mich sehr. Nur nicht Gast oder Tourist sein. Aber irgendwie was Besonderes bin ich doch. Natalia stellt mich in der Schule jedem als die Journalistin aus Deutschland vor. Ich schäme mich, dass mein Russisch so schlecht ist. Allerdings ist das Englisch der jungen Englischlehrerin noch viel schlechter.

Wir laufen durch das riesige Schulgebäude. Kurz vor Schuljahresbeginn sind einige Eltern hier. Sie reinigen oder renovieren die Klassenräume. Die Direktorin bereitet alles in ihrem Büro vor und immer wieder laufen uns Schulkinder über den Weg, die die Lehrerin Natalia zum Teil mit überschwänglichen Umarmungen begrüßen. Ich habe eindeutig das Gefühl, dass sich die Kinder aufs neue Schuljahr freuen.

In ihrem eigenen Klassenraum nimmt Natalia ein ewenkisches Medaillon von der Wand. Es ist ein riesiges rundes Stoffbild, das einen Wolf zeigt. Wie bei einem Traumfänger hängen mehrere Bänder mit Perlen und Federn herab.

Sie sagt, ich solle es als Symbol unserer Freundschaft mit nach Deutschland nehmen. Ich freue mich sehr darüber und denke darüber nach, ob sie weiß, dass ihr Bruder sich als einsamen grauen Wolf bezeichnet. Jetzt ist es mein Wolf, den ich mit nach Hause nehmen darf.

Es sind noch zwei Nächte bis zur Abreise. Anatoli erklärt mir, dass er am nächsten Morgen ein Haus ausräumen muss. Ich verstehe etwas von ausziehen, Umzug, Sachen einpacken. Ich vermute, er muss einem Kumpel bei einem Umzug helfen. Ich sage o.k. und gehe schlafen.

Doch in der Nacht beginne ich mich unwohl zu fühlen. Ich überlege, wie ich aus dem Bett komme, ohne Anatoli zu wecken, wie ich im Dunkeln über das Kartoffelfeld im Garten zum Klo komme. Mir ist schlecht und schwindlig. Gegen fünf Uhr wird es langsam hell und ich wanke zum Plumpsklo.

Kurz danach steht Anatoli auf und macht sich fertig. Ach ja, er wollte ja irgendwo beim Umzug helfen. Ich sage ihm, dass ich noch etwas liegen bleiben möchte und er ist einverstanden. Doch kurz darauf ist er wieder da. Mit Umzugskartons. Er beginnt die Sachen aus seinem Schrank in die Kisten zu räumen. Drei Umzugskartons reichen, um all seinen Hausrat zu verstauen. Dann beginnt er die Möbel vor die Tür zu stellen. Ich frage, was denn eigentlich los sei. Er setzt sich zu mir aufs Bett und sagt, dass er mir doch erklärt hat, dass wir heute hier ausziehen müssen, weil die Vermieterin das Haus selbst nutzen will.

Oh, da hatte ich am Abend alles ganz schön falsch verstanden.

Ich bleibe noch einen Moment im Bett liegen und schaue zu, wie Anatoli die Gardinen abnimmt, die Stoffe über den alten Sesseln zusammenpackt, den Spiegel und die Fotos seiner Eltern von der Wand nimmt. Ich weiß, dass er das Häuschen extra für mich hergerichtet hatte. Tapeten geklebt, Gardinen gekauft, den Ofen gestrichen hat. Jetzt wird die Theaterdekoration abgebaut. Das Schauspiel ist zu Ende. Es ist ein kurioser Gedanke, der mir durch den Kopf geht. War alles nur Show? Ist das Abenteuer jetzt vorbei? Die Potemkinschen Dörfer fallen zusammen?

Doch richtig nachdenken kann ich nicht. Mir ist schlecht. Und mir ist klar, dass auch ich aufstehen muss und meine Sachen zusammenpacken soll. Anatoli nimmt meinen Koffer und bringt mich zu seiner Schwester. Nur ein paar Meter die Straße hinauf.

Ich lege mich dort auf die Couch im Wohnzimmer und versuche den fehlenden Schlaf nachzuholen. Hier gibt es zum Glück auch eine richtige Toilette und ich habe keine Ahnung was mir da eigentlich auf den Magen geschlagen ist.

Valentina kommt. Auch eine Schwester von Anatoli, aber auch eine Krankenschwester. Sie fragt mich aus. Macht sich Sorgen und nimmt mich erst mal mit in ihr eigenes Haus gleich nebenan. Ich soll mich richtig ins Bett legen. Valentinas Haus ist sehr schön eingerichtet. Ich glaube finanziell geht es ihr von der ganzen Familie am besten. Sie arbeitet im Schichtdienst im Krankenhaus. Ihr Mann war Chefarzt dort, ist aber vor einigen Jahren gestorben. Jetzt lebt sie mit ihrem zwölfjährigen Sohn, Pascha, allein hier in dem Holzhaus.

Ich liege also in ihrem Schlafzimmer und alle paar Minuten kommt jemand rein und fragt, was denn los sei.

Gegen Mittag bringt Valentina einen Tropf, versorgt mich fachmännisch mit Flüssigkeit, Tabletten und Mitgefühl.

Tonja kommt und holt mein Bahnticket. Sie haben beschlossen, dass ich noch einen Tag bleiben soll und außerdem müssen sie umbuchen. Wem es nicht gut geht, der muss 1. Klasse fahren – schon allein wegen der Toilette.

Erst wehre ich mich gegen den Aufwand, aber später weiß ich, es war richtig.

Tolja wird erst jetzt richtig klar, dass ich wieder wegfahre. Er ist ruhig, fast zu ruhig. Er legt sich zu mir und hält mich fest. Er spricht kaum und irgendwie ist das auch gut so, denn ich würde sowieso nur losheulen.

Am Abend das letzte gemeinsame Essen. Ich trinke lieber Tee, denn man weiß ja nie. Es geht mir sehr viel besser, aber in meinem Bauch grummelt es und ein wenig Angst vor der langen Zugfahrt habe ich schon. Ich glaube, ich war noch nie so lange unterwegs. Ich kann immer noch kein Russisch, werde mich also wenig unterhalten können. Meinen Sibirien-Roman habe ich ausgelesen. Ein anderes Buch habe ich nicht dabei. Mein Handy wird mir wenig nützen, denn unterwegs gibt es kaum Netz. Also dreiunddreißig Stunden mit mir allein, voller Abschiedsschmerz, voller verquerer Gedanken, wie das alles weitergehen könnte.

Tolja hat von einer Chance gesprochen, die er sich wünscht. Egal wo. Das muss nicht in Deutschland sein. Irgendwo neu anfangen. Irgendwo leben, wo der Winter nicht ganz so lang ist und wo er Geld für seine Arbeit bekommt. „Von mir aus gehen wir nach Afrika", sagt er. Er will mit mir zusammen sein und ich habe seit so vielen Jahren zum ersten Mal das Gefühl, mit diesem Mann will ich das auch.

Wenn ich ihm sage, dass ich mir nicht vorstellen kann, dass er ohne seine Familie, ohne seinen Sohn, ohne den Baikal, ohne Fischen leben kann, wischt er die Bedenken mit einem Satz weg. „Nur eine Chance brauche ich." Er würde auch mit nach Deutschland kommen, die Sprache wird man schon lernen, wenn man vor Ort ist. Ich beginne Deutschland schlecht zu machen. Ich kann mir einfach nicht vorstellen, dass er in mein Land passen könnte. Die Sprache ist schwer zu erlernen, überall ist alles verboten, man darf nicht einfach zelten wo man will, kein Lagerfeuer machen, viele Seen sind nicht so sauber wie der Baikal. Irgendwann höre ich auf damit.

Wer bin ich, dass ich ihm seinen Traum ausreden sollte? Woher will ich wissen, was und wen er zum Leben braucht? Ich merke nur immer mehr: Ich könnte mir ein Leben mit ihm vorstellen. Ich würde es so gern probieren. Jetzt, da ich weiß, dass ich nicht nur in die russischen Mails verliebt bin. Ich liebe einen Mann aus Fleisch und Blut und ich würde fast alles für ihn tun.

Es stürmt. Der Baikal ist aufgewühlt. Burchan verabschiedet sich. So habe ich das Wasser noch nie erlebt. Wie am Meer schlagen die Wellen ans Ufer. Wir sind zum nördlichsten Punkt des Sees gefahren. Hier am Denkmal schreien wir unseren Abschiedsschmerz in den Sturm. Ich kann mir kaum vorstellen das Burchan mich hört. Meine Tränen könnten auch vom Wind kommen. Ich versuche stark zu sein.

Das Boot aus Irkutsk ist gestern nicht gekommen. Gut, dass ich mich für den Zug entschieden habe. Ich wäre sonst nicht weggekommen.

Was wäre eigentlich, wenn ich hierbleiben würde? Könnte ich hier leben? Gäbe es irgendeine Art Arbeit für mich, trotz der noch immer schlechten Sprachkenntnisse? Tolja will davon nichts hören. Hier liegt nicht seine Zukunft. Da ist er sich ganz sicher. Überall wird es besser sein als hier, denkt er.

Dass er sich da vollkommen in einen unerfüllbaren Traum verrennt, weiß er noch nicht. Das wird er erst ein Jahr später mer-

ken, wenn er zum ersten Mal in seinem Leben seine Heimat verlässt. Jetzt träumen wir noch von einer gemeinsamen Zukunft.

Er sagt nichts. Sitzt nur da und schweigt. Dann lässt er mich mit seinen Schwestern, Schwagern und Nichten allein. Wir sitzen bei Tonja im Wintergarten, so wie am ersten Abend vor drei Wochen. Wir stoßen an, sie singen für mich, es folgt ein Toast nach dem anderen. Nur Tolja ist nicht da. Er ist draußen im Garten.

Ich habe sie alle so sehr in mein Herz geschlossen, dass mir der Abschied sehr schwer fällt. Es rollen die Tränen und es wird gelacht. Beides gleichzeitig. Ich bekomme sibirischen Kaugummi geschenkt. Er soll gut für die Zähne sein. Sogar antibakteriell. Er schmeckt wie Baumharz und wird meine Familie und Freunde in Deutschland erschrecken.

Tolja bringt mich mit dem Auto, dem guten von Valentina, zum Bahnhof nach Sewerobaikalsk. Nach dem Sturm, der den ganzen Tag gewütet hat, liegen mehrere dicke Äste auf der Straße. Trotzdem hält er mich mit einer Hand fest und fährt das Automatikauto mit nur einer Hand. Ich weiß, dass das gefährlich ist, aber es ist mir egal. Außerdem werden von den hundert Schlagern auf seinem USB-Stick immer nur zwei abgespielt. Ich kann den Titel des einen Liedes übersetzten. „Du bist meine Braut", lautet er und so muss er gar nichts sagen. Ich weiß wie es ihm geht.

Dann sind wir am Bahnhof. Wir stehen an meinem Wagon, aber er sagt, ich solle mit dem Einsteigen noch einen Moment warten, er muss noch ein Paket zu einem Kollegen bringen. Er käme gleich wieder.

Dann stehe ich da. Die Wagonschaffnerin schaut mich an. Ich stehe da und warte. Es dauert lange. Ich werde unruhig. Was soll das jetzt wieder bedeuten? Wo ist er hin? Warum lässt er mich hier alleinstehen? Die Zeit wird knapp.

Plötzlich kommt er angerannt. Vollkommen außer Atem nimmt er meinen Koffer. Ich zeige mein Ticket und den Pass und darf einsteigen. Er darf mir mit dem schweren Koffer helfen. Dann muss er gleich wieder raus. Die Fenster kann man nicht öffnen. Er steht jetzt draußen auf dem Bahnsteig und ich am Fenster. Er malt zwei Herzen in die Luft und dann rollt der Zug schon los. Mein Zug nach Hause. Ich weiß nicht, was ich denken soll. Was ich fühlen soll. Ich komme mir vor wie betäubt, wie unter einer Glasglocke. War's das jetzt? Oder geht es irgendwie weiter? Ich habe keine Ahnung.

Mein Viererabteil ist noch leer. Ich habe Platz, um alles zu verstauen und in der oberen Ebene mein Bett zu machen. Eine saubere Matratze, weiße Bettwäsche, gar nicht mal so ungemütlich. Ich finde nur, man kommt als etwas klein geratener Mensch sehr schwer an das obere Bett ran und auch zum Raufklettern müsste es doch irgendeine Leiter oder so geben. Ich finde sie nicht und bin froh, dass mich niemand bei meinen akrobatischen Übungen beobachtet. Mein Bauch hat sich beruhigt und ich lege mich schlafen. Es ist ja auch schon spät. An den nächsten Stationen steigen ein Mann um die sechzig, eine junge Frau mit einem zehn Monate alten Baby und ein junger Mann ein. Der ist sicher Soldat. Als ich am frühen Morgen sein Bett sehe, kann ich kaum glauben wie akkurat man so eine Schlafstatt in Form bringen kann. Auch er selbst liegt bewegungslos und ordentlich darin. Irgendwann mache ich mir sogar Sorgen. Muss der nicht auch mal aufs Klo? Erst nach vierundzwanzig Stunden Fahrt bewegt er sich, sagt aber kein Wort. Die anderen sind sehr freundlich aber auch sehr ruhig. Der kleine Junge wird liebevoll von seiner Mama versorgt, fühlt sich wohl und quengelt kein bisschen. Ein wenig komme ich mit den Leuten auch ins Gespräch. Jetzt endlich zeigt mir auch jemand, wie man nach oben klettert. Es gibt eine kleine Hilfe, die man ausklappen kann, hätte ich selbst nie entdeckt.

Ich habe nichts zu lesen, aber es stört mich nicht. Ich habe kein Internet, aber es beunruhigt mich nicht. Ich habe nicht mal Musik, aber auch das ist o.k. Ich schaue aus dem Fenster, beobachte Mama mit Baby, denke über die vergangenen drei Wochen

nach und weine still vor mich hin. Ich bin traurig, aber auch sehr glücklich, dass ich diese Zeit erleben durfte. Es war wunderbar und ich würde trotz des Kummers, den ich jetzt spüre keine Sekunde davon hergeben.

Irgendwann gehe ich auf den Gang. Ich stehe am Fenster und schaue in die sibirische Landschaft. Alles ist jetzt anders. Der Sommer ist vorbei. Es ist über Nacht Herbst geworden. Ich stehe am Fenster und plötzlich sehe ich zwei Herzen. Gemalt in die staubige Schicht auf der Scheibe. Die Herzen, die er gestern Nacht als Abschiedsgruß geschrieben hat. Nicht in die Luft, wie ich dachte, sondern sichtbar ans Fenster. Ich hole meinen Fotoapparat. Halte das Symbol unserer Liebe fest und spüre, dass ich die Liebe selbst nicht festhalten kann. Ich rede mir immer wieder ein, dass das vorhersehbar war, dass ich trotzdem hierher wollte und dass es die schönste Zeit meines Lebens war. Ich bin unendlich traurig, aber auch dankbar, dass ich es erleben durfte.

Der Zug rattert und rollt und ich bin froh über die Zeit, die mir geschenkt wird. Ich muss noch niemandem etwas erzählen. Ich muss noch keine Entscheidungen treffen. Ich kann einfach traurig sein und auf ein Wunder hoffen.

Irgendwann sind die Stunden vorbei. Ganz früh am Morgen beginnen alle im Abteil ihr Bettzeug abzuziehen, die Matratzen zusammenzurollen und sich fertig zu machen. Doch es ist erst halb sechs. Mein Zeitplan sagt etwas von Ankunft gegen zehn. Warum sind wir jetzt schon in Irkutsk? Warum musste ich denn heute schon ankommen? Morgen um diese Zeit hätte ich es doch locker zu meinem Flugzeug geschafft. Und wird mich überhaupt jemand um diese Zeit abholen? Der Plan sah folgendes vor. Irina, die Schwiegertochter von Dolmetscherin Tatjana, wollte mich vom Zug abholen. Aber weiß sie von dieser zeitigen Ankunftszeit? Ich versuche, zu telefonieren, aber meine Handykarte ist leer. Ich bitte um Hilfe. Die junge Mutter hat kein Handy, aber sie fragt den Soldaten für mich. Der leiht mir sein Handy und ich erreiche Irina. Ja, sie sei schon auf dem Weg und würde mich am Bahnhof gleich abholen.

Ich verstehe die Welt nicht mehr und trauere um den verlorenen Tag bei meiner neuen Familie am Nordbaikal.

Doch dann stellt sich raus, dass doch alles seine Richtigkeit hat. Der Zug morgen wäre tatsächlich erst gegen zehn in Irkutsk angekommen, keine Chance auf meinen Flug. Also gut, dass ich meine Helfer überall habe. So bringt mich also Irina in Tatjanas Wohnung, fragt nach der Zeit bei Anatoli und ich wechsle vom Russischen ins Englische. Ich bekomme einen Schlüssel und die Anweisung für die Alarmanlage und dann bin ich allein. Ich gehe unter die Dusche und ruhe mich aus. Dann ruft Irina an. Sie sagt, dass ich ans Festnetztelefon gehen soll. Anatoli würde gleich anrufen.

Er ruft an und weint. Ich weine auch. Wir beteuern uns unserer Liebe und haben keine Ahnung, wie es weitergehen soll.

31. August

Er versichert mir, dass wir uns bald wiedersehen werden. Aber ich kann es nicht glauben. Ich will es glauben, aber ich bin viel zu sehr Realist. Ich weiß, wie schwierig das alles ist. Weihnachten mit ihm in Deutschland – ein Traum. Vielleicht schaffen wir es! Irgendwie.

Ich merke, dass mein Magen und mein Kreislauf noch nicht ganz in Ordnung sind. Trotzdem will ich raus und mache mich auf den Weg, Irkutsk zu erkunden. Ich laufe und weine. Ich schaue mir bei herrlichem Sommerwetter die Stadt an. Ich fühle mich allein, einsam, verlassen.

Die Stadt ist heiß und interessant. Es gibt ein Kulturfest mit Programm auf der Bühne, kleinen Verkaufsständen und netten

Menschen. Ich weiß nicht, ob mir Irkutsk gefällt. Die Perle Sibiriens, hatte ich gelesen. Nein, so richtig werde ich mit der Stadt nicht warm. Es gibt schöne alte Gebäude, prachtvolle Kirchen, den riesigen Fluss Angara. Aber ich bin nicht wirklich begeistert. Vielleicht liegt es an meiner gesundheitlichen Verfassung, an meinem Abschiedsschmerz oder woran auch immer. Vielleicht auch daran, dass ich nichts zu tun habe. Studieren müsste man hier, arbeiten, einen Film machen, beim Fernsehen jobben ... Das ist so typisch für mich. Ich möchte eine Stadt durch den Alltag erobern. Nur anschauen, nur Tourist sein, das ist nichts für mich.

Ich bin fünf Stunden unterwegs. Mein Magen rebelliert. Mir fällt ein, dass ich vor vielen Jahren mal den Tipp bekommen habe, übrigens von einer Freundin aus der damaligen Sowjetunion, dass in solchen Fällen Kefir helfen kann. Ich kaufe in einem kleinen Laden einen Becher Kefir und etwas Brot. Draußen vor dem Laden trinke ich. Ich ernte ungläubige Blicke. Tatsächlich isst oder trinkt hier keiner auf der Straße. Ganz im Gegenteil zu Deutschland. Bei uns hat eigentlich jeder irgendwas zum Verzehren in der Hand. Mindestens einen Kaffee oder ein Wasser. Hier falle ich komplett aus dem Rahmen. Aber es hilft. Mir geht es besser und ich schaffe den Fußweg bis zu Tatjanas Wohnung.

Dort ruhe ich mich aus. Dank W-LAN kann ich wieder mit Anatoli telefonieren. Wir sind unglücklich. Wollen es uns aber nicht noch schwerer machen. Also sage ich, dass es mir gut geht, dass ich schon viel gesehen habe und dass mein Bauch in Ordnung ist. Er erzählt vom Fischen, von der Familie und wünscht mir eine gute Weiterreise.

Ich mache mich noch einmal auf den Weg. Ich möchte, dass die Zeit vergeht, denn ich fühle mich unendlich verlassen. Es ist der 31. August, der Tag vor dem Schulbeginn. Alle Schüler kaufen Blumen. Der Markt ist ein einziges Blumenmeer. Fast jeder Einwohner hat einen Blumenstrauß in der Hand wenn er sich auf den Heimweg macht.

Am nächsten Morgen bringt mich Irina zum Flughafen. Jetzt haben die Schülerinnen und Schüler, die heute alle in ihren Schulkleidungen zum Unterricht gehen, die Blumen in den Händen.

Sie werden sie voller Stolz ihren Lehrerinnen und Lehrern übergeben. Der erste September ist ein sehr wichtiger Tag im Schulleben Russlands.

Und für mich ist dieser Tag der Abschied aus diesem Land.

Der Abflug verzögert sich. Ich komme mit ziemlicher Verspätung in Moskau an. Ich renne durch den Flughafen. Stehe plötzlich vor einem Putzmann und frage in fließendem Russisch, wo es denn hier zum Gate 42 geht. Er strahlt mich an, sagt mir wo ich lang muss und ich renne weiter. Ich merke erst jetzt, dass ich ganz automatisch Russisch gesprochen habe, ohne darüber nachzudenken. Na, wird doch.

Der Bus zum Flieger ist schon weg, aber ein Auto wartet auf mich und einen weiteren Fluggast. Wir steigen als letzte in das Flugzeug und ich finde ganz hinten eine komplett freie Reihe. Ich genieße den Platz und den angenehmen Flug.

Als ich nach zweieinhalb Stunden in Schönefeld ankomme, scheitert mein Nachhausekommen am Bahnstreik der Lokführer. Ich kann es kaum glauben. Nach fast 8000 Kilometern durch die Welt, schaffe ich es nicht nach Hause. Ich bin k.o., verzweifelt, endgültig allein und verlassen und rufe vollkommen entnervt und heulend meinen Exmann an, der mich mit dem Auto abholt und nach Hause bringt.

Wochen und Monate. Wir schreiben. Wir telefonieren. Ab und zu klappt auch das Skypen. Ich weiß nicht, wie es weitergehen wird. Aber ich genieße das Gefühl zu lieben und geliebt zu werden.

Wir haben besprochen, dass ich dieses Mal irgendwie zur Ruhe kommen muss, nach dem Jetlag möglichst schnell wieder in einen normalen Tag- Nacht-Rhythmus finden will. Wir telefonieren also nicht nachts. Was allerdings nicht bedeutet, dass ich wirklich schlafen kann. Ziemlich regelmäßig werde ich wach und vermisse ihn.

Eines Nachts so sehr, dass ich zum Handy greife und ihm schreiben will. Noch bevor ich mit der SMS fertig bin, klingelt mein Handy. Er fragt, warum ich nicht schlafe, ob es mir gut gehe oder ob ich krank sei. Ich möchte wissen, woher er weiß, dass ich wach bin. Er kann doch nicht sehen, dass ich gerade eine Nachricht an ihn schreibe. Ganz ruhig sagt er mir, dass er so etwas fühlt. Für ihn ist es das Normalste der Welt, für mich ein magischer Moment, der mich natürlich den Rest der Nacht auch nicht schlafen lässt. Aber es ist ein wunderbares Gefühl, dass es da jemanden gibt, der an mich denkt und mit mir fühlt. Die Entfernung ist in diesen Momenten vollkommen unwichtig. Ob man dreihundert oder achttausend Kilometer voneinander entfernt ist, spielt erst dann eine Rolle, wenn man sich auf eine Reise begibt. Wenn man voneinander getrennt ist, ist es unwichtig wie weit.

Trotzdem gibt es viele Hürden zu überwinden. Es ist manchmal schwierig, in Kontakt zu bleiben. Mal ist mein Handy kaputt, dann hat Toljas Sohn mit dem Laptop gespielt und nun funktioniert das Schreiben der Mails nicht mehr. Dann wieder hat Tolja kein Geld für Handy oder Internet und wenn wir das im Griff haben, bricht die Skype-Verbindung immer wieder zusammen.

Es ist eine wirklich anstrengende Zeit. Sehnsucht kann sehr süß, aber auch sehr bitter sein.

In meinem Briefkasten liegt ein Umschlag. Zuerst denke ich, es ist eine Art Werbung, denn er ist bunt. Kräftiges Gelb, Blau und das Wort Telegramm.
Es ist tatsächlich ein Telegramm. Wann habe ich das letzte Mal diese Art von Nachricht erhalten? Es ist wie eine Reise in die Vergangenheit. Aber das Verrückte: Ich kann kein Wort lesen. Ich weiß überhaupt nicht, was auf dem Zettel steht, der im Umschlag ist. Ich kann erkennen, dass das Telegramm aus Sewerobaikalsk kommt, alles andere ist ein Rätsel. Und zwar nicht, weil ich kein Russisch kann, sondern weil es kein Russisch ist, was dort steht. Naja, irgendwie doch. Es sind lateinische Buchstaben, aber es soll Russisch sein. Ich versuche den Text Laut für Laut vorzulesen. Das ist gar nicht so einfach, aber es hilft. Einige Worte kommen mir jetzt bekannt vor. Ich ahne, dass das Telegramm von einer offiziellen Stelle kommt und ich mich am 27. Mai irgendwo melden soll. Aber wo und warum?
Tolja ist nicht zu erreichen. Er ist in der Taiga unterwegs – dort, wo es kein Handynetz gibt.
Ich scanne das Telegramm und schicke es an Tatjana, die Reiseleiterin in Irkutsk und an meine Tochter. Vanessa wohnt zurzeit in einer Studenten WG mit einer Russin zusammen. Diese Studentin kann Deutsch und Russisch fließend. Und die meldet sich auch umgehend zurück. Sie übersetzt, dass ich mich am 27. Mai bei Gericht in Sewerobaikalsk melden muss, um die Verhandlung

des Diebstahls aus dem Sommer abzuschließen. Das Besondere, übermorgen ist bereits der 27., keine Chance für mich rechtzeitig zu reagieren. Eine Telefonnummer ist nicht angegeben. Was soll's. Tatjana meldet sich ebenfalls und übersetzt den gleichen Inhalt. Sie sagt, ich solle gar nichts machen, das wäre nicht so wichtig.

Gut, denke ich, ist ja eher lustig.

Aber nicht für meine Großfamilie in Nischneangarsk. Es beginnt ein Telefonmarathon. Natalia ruft an. Fragt, ob ich Post bekommen hätte. Sie ist aufgeregt, meint, dass ich unbedingt reagieren muss, sonst gäbe es Ärger. Ich habe keine Ahnung, was ich machen soll. Ich möchte keinen Ärger in diesem großen Land und ich möchte auch keine Probleme, wenn ich das nächste Mal ein Visum beantrage. Aber ich weiß auch nicht, was ich tun kann. Ich bitte Natalia, für mich beim Gericht anzurufen und zu fragen.

Wir telefonieren mehrmals. Ich bin unterdessen auf dem Weg zur Arbeit. Natalia ruft wieder an und sagt, ich müsste unbedingt einen Text schreiben, den sie mir schicken würde. Diesen Text müsste ich unterschreiben und zurück senden und zwar schnell und sofort. O.k. Auf der Arbeit angekommen, kopiere ich den Text, drucke ihn aus, unterschreibe ihn, scanne ihn wieder ein. Ich hoffe mit dieser Erklärung, dass das Gericht den Vorgang ohne mein Dabeisein abschließen darf, alles erledigt zu haben. Pustekuchen. Nichts ist erledigt. Natalia ruft an. Die Unterschrift reicht nicht. Der gesamte Text muss handschriftlich von mir verfasst sein. O.k., alles von vorn. Ich schreibe den Text, den ich kaum verstehen kann, mit kyrillischen Buchstaben ab und unterschreibe ihn. Scanne ihn wieder ein usw.

Am späten Nachmittag scheint endlich alles erledigt zu sein. Trotzdem bleibt ein etwas mulmiges Gefühl. Hoffentlich habe ich bei der nächsten Einreise keine Probleme.

Monate des Wartens. Telefonate, kurze Nachrichten, lange Mails. Ich lese viele Bücher, die irgendwas mit Sibirien, mit den Ewenken oder dem Schamanismus zu tun haben. Mein ganzes Leben dreht sich gedanklich um mein Sibirien-Abenteuer. Manche Freunde finden es noch immer spannend und fragen regelmäßig nach Neuigkeiten, andere wundern sich darüber, dass mich das alles so lange gefangen hält.

Sonntags gibt es russisches Kino. Ich überrede meine Freundin Christina mitzukommen. Es wird ein Film über den russischen Sänger Wladimir Wyssozki gezeigt. Vor der Vorstellung sitzen wir noch bei einem Glas Wein und Christina erzählt mir von einem Buch, das sie zu Hause hat. Es erzählt die Liebesbeziehung der französischen Schauspielerin Marina Vlady und dem sowjetischen Sänger Wyssozki. Ich hatte von dieser Liebe noch nie etwas gehört. Und bin sehr neugierig.

Der Film ist sehr interessant und immer wenn Wyssozki im Film mit Paris telefoniert, flüstert mir Christina ins Ohr: „Jetzt spricht er mit der Vlady."

Einen Tag später bringt Christina mir das Buch mit und ich lese eine Geschichte, die mich unendlich gefangen nimmt. Marina Vlady schreibt so ehrlich und so voller Liebe von der wahnsinnig schönen, dramatischen und gefühlvollen Zeit mit dem

Sänger, dass ich sofort am Ende des Buches angekommen wieder von vorn anfange. Etwas, was ich sonst nie tue.

Ich fühle mit den beiden Liebenden und ich fühle mich verstanden.

Tolja ist in dieser Zeit nicht erreichbar. Er ist bei seinem Bruder auf der Farm und wir haben keinen Kontakt.

Als er wieder zurück ist schreibt er mir folgende Nachricht.

„Schau mal im Internet nach und lies dort über Marina Vlady und Wyssozki. Das sind wir, das ist wie bei uns."

Ich starre die Zeilen an und bin komplett verwirrt. Ich hatte ihm nichts von dem Kinobesuch erzählt. Ging ja auch gar nicht. Er war ja nicht erreichbar. Ich hatte nirgends gepostet, dass ich mich mit diesem Thema beschäftige. Woher weiß er das? Ich schaue meine Mails, SMS und Nachrichten durch. Habe ich doch irgendwann, irgendwo ...? Nein. Da ist nichts. Ich finde es unheimlich.

Ich rufe ihn an und frage, wie er gerade jetzt auf dieses Thema kommt. Er versteht meine Frage nicht. Ich sage ihm, dass ich es merkwürdig finde, dass er mir gerade jetzt darüber schreibt. Ich erzähle vom Kinobesuch und vom Buch. Er sagt nur, dass es doch ganz normal sei, dass er so etwas spüren würde. Er sei doch der Ewenke. So ein bisschen was von einem Schamanen hätten sie alle. Er lacht. Er nimmt sich selbst nicht ernst. Und ich? Ich sitze in meinem Deutschland und verstehe nichts mehr. Spüre, dass da irgendwas ist, was ich nicht erklären kann. Aber es macht mir keine Angst. Es macht mich irgendwie stark.

3. Oktober

Ich wäre so gern mutig, würde gern etwas riskieren. Aber ich will niemanden mit reinziehen, aber das würde ich tun. Bei allen Varianten, die ich in den schlaflosen Nächten durchspiele, komme ich immer wieder zu dem Schluss, dass ich es den Kindern nicht antun kann. Sie wären davon betroffen, auf eine Art und Weise, die ich unfair finden würde. Und da sie beide so überhaupt nicht an einem Abenteuer oder einem Neuanfang interessiert sind, muss ich wohl warten, bis sie ihr eigenes Leben haben, unabhängig von mir sind.

Mein Leben besteht zum großen Teil aus Arbeit. Das ist gut so, denn ich mag meine Arbeit. Es gab Zeiten, da war das alles nicht so einfach. Zwei Kinder großziehen, unregelmäßige, schwer planbare Arbeit, Freunde, Hobbys; mein Leben war schon ganz schön vollgestopft. Jetzt wird das langsam anders. Meine Tochter wird ausziehen. Sie studiert und will nun auf eigenen Füßen stehen. Ganz normal und für mich doch der erste Schritt in eine nicht mehr gekannte Unabhängigkeit. Mein Sohn wird auch immer selbstständiger. Er ist viel mit seinen Freunden zusammen und neben Schule und Minijob bleibt bei ihm auch nicht viel Zeit für seine Mutter.

Und ich? Ich fange gerade an zu verstehen, dass ich bald wirklich wieder mehr Zeit für mich haben werde. In meinem Kopf gehen wüste Ideen durcheinander. Sollte es vielleicht doch möglich sein, für eine gewisse Zeit woanders hinzugehen? Könnte ich dort leben? Gäbe es einen Job für mich? Anatoli will davon nichts hören. Er sagt, der Winter sei zu lang und zu kalt, es gäbe keine Arbeit und er kann sich ein Leben mit mir nur woanders vorstellen.

Also spielt sich in meinem Kopf etwas anderes ab. Bei allem was ich tue, denke ich darüber nach, wie er es erleben würde. Ich gehe ins Restaurant. Würde ihm das Gericht schmecken? Ich gehe ins Kino. Gäbe es den Film auch mit russischen Untertiteln? Ich gehe arbeiten. Welche Aufgabe könnte er in der Zeit im Haus oder Garten übernehmen? Meine ganze Gedankenwelt spielt etwas durch, was nie eintreffen wird. Denn eines weiß ich ganz genau. Tolja kann nicht ohne seinen Sohn, ohne den Baikal und ohne seine große Familie leben. Und doch beginnen die Gedanken immer wieder von vorn.

Es gibt einen Plan. Silvester auf der Insel Olchon, mitten im Baikal!

Mein Weihnachten in Deutschland ist fast vorbei. Wie immer war es schön und friedlich. Es ist der zweite Weihnachtsfeiertag und ich mache mich wieder auf den Weg nach Sibirien.

Mein, oder besser Tatjanas und mein Plan für das Ende dieses Jahres klingt genial.

Wir werden sehen, ob alles klappt.

Ich habe in den vergangenen vier Monaten gehofft, gebetet, verzweifelt gefleht und immer wieder gehofft. Jetzt werde ich sehen, ob mein Traum in Erfüllung geht. Noch einmal mit ihm zusammen sein.

Ich bin wieder in Irkutsk. Unterdessen ist es der Morgen des 27. Dezembers und Tatjana klopft an meine Zimmertür. „Anatoli hat angerufen. Er ist schon am Bahnhof angekommen. Ich habe ihm erklärt mit welchem Großraumtaxi er fahren muss. Zieh dich an. Gleich wird er da sein."

Ich springe aus dem Bett, ziehe mich an und lasse mir erklären, wo die Haltestelle vom Taxi ist. Die ist ganz in der Nähe. Man könnte meinen, sich straßenfertig anzuziehen für den kurzen Weg lohne sich nicht, ist aber bei minus neunzehn Grad wirklich notwendig. Ich gehe nur kurz über die Straße und dann hält das Taxi schon. Anatoli steigt aus und wir umarmen uns. Er ist da. Er ist tatsächlich gekommen. Zwölf Stunden in einem kalten, alten Bus von Nischneangarsk bis nach Irkutsk. Er hat sein Versprechen gehalten. Wir stehen da, halten uns fest und es ist schön und vertraut, aber die Magie aus dem Sommer taucht nicht auf.

Hand in Hand gehen wir zu Tatjana. Anatoli wird freundlich und aufgeschlossen von Tatjanas Mann Sergej und von Tatjana begrüßt und mit Tee und Frühstück versorgt. Nach einem kurzen russischen Plausch lassen sie uns allein.

Wir liegen auf dem Bett und sie kommt wieder. Die Liebe, die Magie, der Zauber. Glücklich bis in die Zehenspitzen.

Dann machen wir Irkutsk unsicher. Wir gehen Hand in Hand die Wege, die ich im Sommer allein gelaufen bin. Manchmal, wenn ich mich nicht richtig erinnere, lacht er und wundert sich. „Du warst doch schon mal hier. Wo ist nun der Fluss? Wo müssen wir lang?" Wenn ich es tatsächlich nicht mehr weiß, fragt er die Polizisten am Straßenrand, lässt sich von Passanten den Weg erklären und ist entsetzt über den Preis eines Kaffees, den er bestellen muss, um die Toilette benutzen zu dürfen. Dass ein Kaffee hier in der Stadt achtzig Rubel kostet, ist ein Schock für ihn. Trotzdem bin ich erstaunt, wie gut mein Mann aus der Taiga sich hier zurechtfindet. Er wirkt kein bisschen verschreckt durch die Stadt. Wir genießen die Zweisamkeit und irgendwie kommen wir auch sprachlich gut klar. Ich erzähle ihm von Berlin. Was dort ein Kaffee kostet und irgendwie kommen wir auch auf das Thema Parken in der Stadt. Er kann es lange Zeit nicht glauben, dass man an vielen Stellen in Deutschland Geld dafür bezahlen muss, wenn man sein Auto abstellen will. Ich habe keine Ahnung, ob das irgendwo in Moskau oder Sankt Petersburg auch so ist, aber Tolja hat davon noch nie etwas gehört. Wir erzählen viel und lange

über das unterschiedliche Leben, das wir führen. Tolja ist sehr interessiert und wir träumen davon, dass er mich irgendwann einmal besuchen kann. Von einem gemeinsamen Leben in Deutschland reden wir zu diesem Zeitpunkt nicht.

Es ist kalt, minus einundzwanzig Grad. Aber mir gefällt Irkutsk jetzt besser als im Sommer. Dafür mag es viele Gründe geben. Den wichtigsten halte ich an der Hand.

Am nächsten Morgen kommen Grete und Jonathan an. Beide sind Mitte zwanzig. Ein Pärchen, das eine private Reise nach Sibirien geschenkt bekommen hat. Tatjana ist ihre persönliche Reiseleiterin und wir haben uns an diese Reise einfach ranhängen dürfen. Dass es für Anatoli so etwas wie der erste Urlaub seines Lebens ist, wird mir langsam bewusst.

Er findet es ungewohnt, das spüre ich. Aber er hält sich tapfer.

Olga kommt. Anfang fünfzig, eine wunderschöne Frau. Sie hat einen langen blonden Zopf und spricht sehr gut Deutsch. Auch sie hatte ich schon im Sommer kennengelernt. Auch sie gehörte zu der Reisegruppe, die mir am Baikal begegnete. Wir begrüßen uns wie alte Freundinnen.

Von nun an wird fast nur noch Deutsch gesprochen. Ich frage Anatoli, ob ihn das stört. Er sagt, er findet es schön. Da er kein einziges Wort versteht, ziehen die Gespräche wie das Meeresrau-

schen an ihm vorbei. Und bald wird er die Sprache ja lernen, sagt er. Ich weiß, es ist nur so dahingesagt, aber bei mir löst solch eine Bemerkung doch schon wieder eine ganze Flut von Gedanken aus. Wird er vielleicht doch einmal bei mir sein können?

Für das junge deutsche Paar gibt es ein straffes Programm. Es beginnt mit dem Dekabristen Museum. Da bin ich also wieder in diesem wunderschönen Holzhaus aus dem 19. Jahrhundert und Olga führt uns mit so viel Gefühl durch die Räume, dass die Verbannten des Dezemberaufstandes von 1825 und ihre Familien vor mir lebendig werden.

Anatoli versteht kein Wort. Aber er liest fleißig die Erklärungen an den Wänden und viel später werde ich erfahren, dass er das alles sehr interessant fand. Nämlich dann, wenn er seinen Schwestern zu Hause bis ins Detail davon erzählt.

Nach dem Museum gibt es eine Stadtführung. Immer nur für uns Vier. Olga als Reiseleiterin und Sergej, der uns fährt. Ich fühle mich sehr privilegiert und mag die Stadt immer mehr.

Ein Tag später. Strahlender Sonnenschein, eisige Kälte, aber viele Russen sind unterwegs. Sie lieben Ausflüge und besuchen gern Freiluftmuseen und irgendwelche Belustigungen für Kind und Kegel. Wir auch. Unsere Minireisegruppe hat sich wieder auf den Weg gemacht. Das junge deutsche Paar, Tolja und ich, Olga unsere Reiseleiterin und Sergej als Fahrer. Wir wollen nach Listwjanka, dem kleinen Ort am Baikalsee, wo im Sommer das Picknick war. Auf halber Strecke machen wir unseren ersten Halt am Freilichtmuseum Talzy. Hier kann man in die alte sibirische

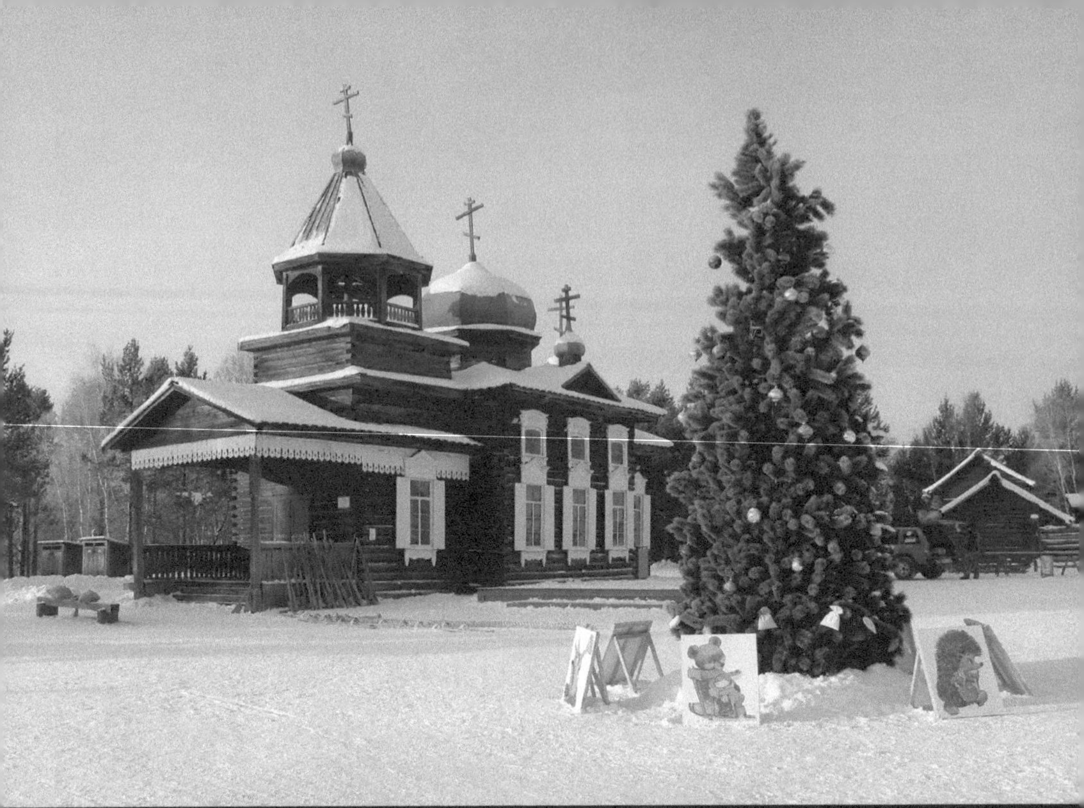

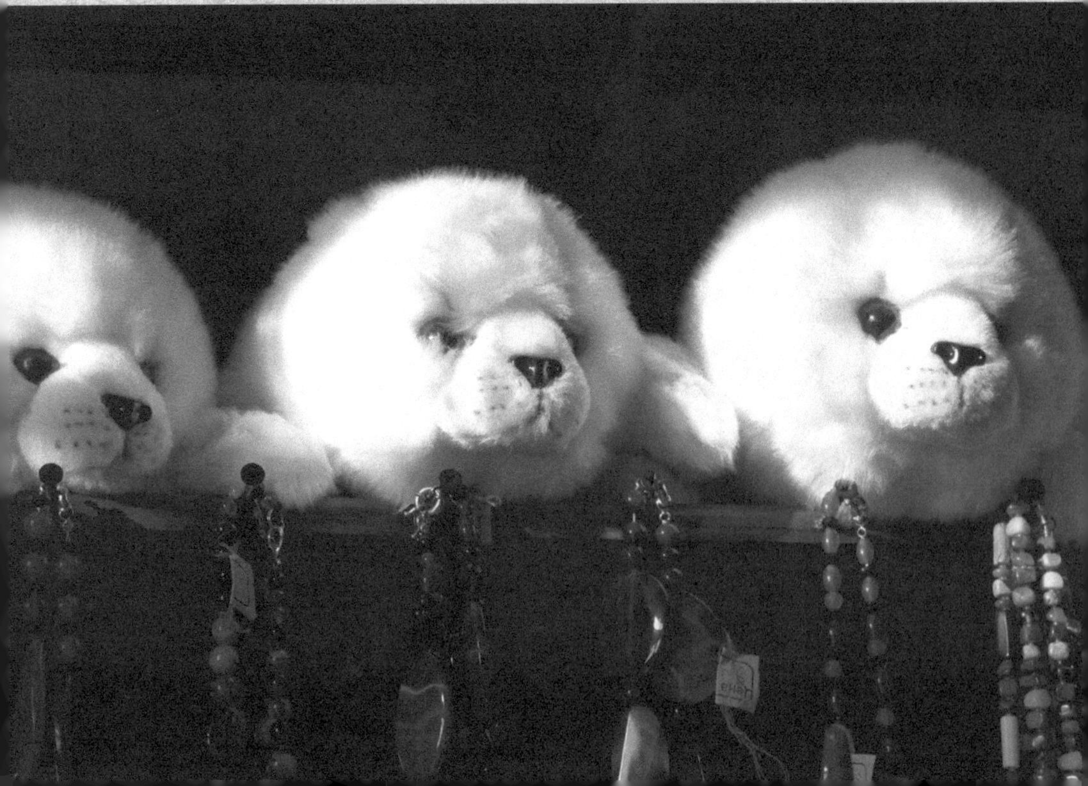

Geschichte eintauchen, denn hier wurden wunderschöne Holzhäuser und andere Baudenkmäler aus dem 17. bis 19. Jahrhundert gerettet und wiederaufgebaut. Olga beschreibt das Leben von damals so plastisch, dass man das Gefühl hat, die Bewohner der Häuser sind nur mal kurz rausgegangen und kommen gleich wieder. Und wieder begegnet mir die russische Sauna, die Banja. Olga erzählt, dass dieser Raum einer der sozialen Treffpunkte war. Hier wurde Wäsche gewaschen, sich selbst gewaschen, erzählt, diskutiert und sogar geboren. In der Wärme der Banja kamen die kleinen Sibirier auf die Welt. Und auch, dass die Banja ein Fenster hat, war wichtig. Draußen die jungen Männer, innen die jungen Mädchen und durch das winzig kleine Fenster erste Anbahnung einer Liebesbeziehung. Ich kann mir das alles wunderbar vorstellen.

Das Museum wird immer voller. Überall ist Leben. Hier eine Eisrutschbahn, dort ein Ort, an dem man mit einem riesigen Hammer eine kleine Münze, also eine Kopeke, in eine kleine Gedenkmedaille verwandeln kann. Und dann besuchen wir das Haus der Hexe Baba Jaga. Tolja ist erstaunt, dass ich die Figur aus meiner Kindheit kenne. Viele russischen Märchen habe ich gelesen und noch mehr russische Märchenfilme geschaut. Jedes DDR-Kind meiner Generation kennt die Hexe. Jetzt bin ich in ihrem Haus.

Unser zweiter Stopp ist am Baikal-Museum in Listwjanka. Schon im Sommer, bei meinem ganz kurzen Besuch hier, hatte mich das Museum fasziniert. Jetzt haben wir richtig viel Zeit und Olga erklärt in ihrem wundervollen Deutsch alles, was uns interessiert. Tolja bleibt ewig bei den präparierten Fischen stehen. Er ist beeindruckt, wie groß manche Exemplare werden können. Liest alles über den Omul und andere nur hier auftretende Arten. Dann warten wir auf eine imaginäre U-Bootfahrt in die Tiefen des Sees. Die Illusion ist fast perfekt. Wir reisen virtuell an den tiefsten Ort des Sees. Mehr als 1642 Meter. Der tiefste Süßwassersee der Welt. Rings um uns sind U-Bootfenster. Durch Videoprojektionen hinter den Fenstern haben wir tatsächlich das Gefühl in die Tiefe zu sinken. Wir sind alle sehr beeindruckt.

Dann bleiben wir noch ewig bei den großen Aquarien. Die Fische sind toll, aber die Baikalrobben stehlen jedem noch so bunten Fisch die Show. Auch wenn mein Tierliebhaber-Herz mit den eingesperrten Robben leidet, muss ich zugeben, es ist unheim-

lich spannend ihnen zuzuschauen. Tolja macht mit seinem Handy Videos und Fotos, die er später seinen Schwestern zeigen wird. Auch er hat erst zweimal im Leben Baikalrobben in freier Natur gesehen.

Vor unserer Rückfahrt nach Irkutsk machen wir noch einen Abstecher auf den Markt. Es riecht lecker nach gerösteten Pinienkernen, gebratenem Fisch und Fleisch. Ich bestaune Schmuck aus lilafarbenen Charoit, einem Halbedelstein aus Sibirien. Es gibt Matrjoschkas ganz klassisch oder mit Gesichtern von Gorbatschow bis Putin. Eine skurrile Mischung aus Kitsch und Kunst.

Wir haben kein Geld für so etwas, aber auch für nichts anderes. Tolja hat überhaupt kein Geld, wie mir nach und nach bewusst wird. Selbst für die Fahrt mit dem klapprigen Bus von Nischneangarsk bis nach Irkutsk, hatte er sich das Geld für die Fahrkarte borgen müssen. Mein Geld reicht gerade so, um das alles für uns beide zu bezahlen und später wieder nach Hause zu kommen. Ihm ist das alles sehr peinlich und unangenehm. Aber was soll ich machen? Wir versuchen dieses Thema nicht anzusprechen.

Am nächsten Tag beginnt unsere Silvesterreise. Grete, Joni, Tatjana, Sergej, Anatoli und ich machen uns auf den Weg zur Insel Olchon. Sie liegt am westlichen Ufer des Baikalsees, über 250 Kilometer von Irkutsk entfernt.

Mit dem Auto fahren wir durch den Ferienverkehr der Großstadt. Ja, auch hier mitten in Sibirien gibt es Staus und viel zu viele Autos. Als wir aus der Stadt raus sind, fahren wir erst einmal durch Wälder, die durchaus auch in Brandenburg liegen könnten. Dann wirkt die Landschaft plötzlich wie eine Steppe. Eine schnurgerade Strecke führt uns über sanfte Hügel, die aber kaum schneebedeckt sind. Der Wind fegt den Schnee weg und es bleiben sandige Wellen, die wir mit ca. 100 Stundenkilometern hoch- und wieder runterfahren. Plötzlich überqueren Kühe unsere Straße. Da man weit genug schauen kann, ist es kein Problem rechtzeitig zu verlangsamen und die lahmen Viecher über die Straße zu lassen.

Wir machen Halt an einem heiligen Ort. Wie ein Parkplatz an einer Schnellstraße in Deutschland, ist hier direkt neben der

Straße ein kleiner Unterstand aus Holz aufgebaut. An den Büschen ringsum flattern bunte Bänder, auf dem Boden liegen Münzen. Jeder der hier Halt macht, bittet die Götter um eine gute Fahrt, dass das Auto durchhält und um die Erfüllung anderer Wünsche. Wir essen Wurst und Käse und trinken einen Wodka. Doch bevor wir trinken, spritzen wir etwas vom Schnaps in alle vier Himmelsrichtungen. Ich dachte, es wäre eine Ehrung des Gottes Burchan am Baikal. Aber auch hier, noch viele Kilometer entfernt vom Wasser fordert uns Tatjana dazu auf. Vielleicht auch nur als Show für die jungen Deutschen.

Anatoli macht mit, trinkt aber selbst keinen Schluck. Noch nie hat er in meinem Beisein einen Tropfen Alkohol getrunken. Schon im Sommer hatte ich ihn gefragt, ob er mal ein Problem damit gehabt hätte. Er hatte verneint.

Im November, als plötzlich jeglicher Kontakt zu ihm abbrach und ich fast eine Woche dachte, ihm sei in der Taiga etwas passiert, hatte sich dann der Alkohol als ein uraltes Problem herausgestellt.

Alle waren geschockt. Die Schwestern, ich und vermutlich auch Tolja selbst. Fünf Jahre war er trocken gewesen. Dann, nach einer Tour zur Farm, hatte er plötzlich gesoffen. Für mich war damals im Herbst die Welt zusammengebrochen. Sollten doch alle Unkenrufe, die ich im Internet gefunden hatte, der Wahrheit entsprechen? Saufen sie alle? Die Russen, die Ewenken, mein Traummann?

Natalia, seine Schwester, hatte sich bei mir entschuldigt. Sie hatte mir im Sommer nichts von dem Problem gesagt, da sie glaubte, es würde nicht mehr existieren. Nach fünf Jahren fühlten sich alle sicher.

Wie sehr erschütterte mich damals die Erkenntnis, dass nach dem großen, unlösbaren finanziellen Problem, nun noch ein viel größeres auftauchte. Meiner Liebe tat es keinen Abbruch. Die war unerschütterlich. Dabei wusste ich viel mehr über Alkoholismus als andere. Mein Film „Der lange Weg aus der Sucht" hatte mich so tief in dieses Thema geführt, dass ich ganz genau wusste, wie komplex es ist. Aber er hatte vorerst wieder aufgehört zu trinken. Er war zu mir nach Irkutsk gekommen und jetzt waren wir auf dem Weg zu unserem ersten gemeinsamen Silvester. Vielleicht können meine Liebe und seine Liebe zu mir ihn stark machen. So stark, dass er alles schaffen kann. Ich jedenfalls bin an diesem 29. Dezember überzeugt davon.

Nach fast vier Stunden Fahrt kommen wir am Ufer des Baikalsees an. Die Fähre haben wir zwar verpasst, aber bald wird die nächste kommen. Sergej lädt uns alle an der Anlegestelle mit Sack und Pack aus und bringt das Auto zu einem Bekannten. Dort steht es sicherer als auf dem Parkplatz an der Fähranlegestelle. Dann warten wir – bei minus dreiundzwanzig Grad und eisigem Wind kein Vergnügen. Sergej und Anatoli machen sich über meine rote Jacke lustig. Auch mir ist schon aufgefallen, dass sich der Stoff ab minus neunzehn Grad anfühlt wie Plastik und sehr merkwürdige Geräusche macht. Aber noch ist mir nicht kalt und ich kontere, denn Anatoli wäre schon lange erfroren, hätte ich ihm nicht einen Winterpullover aus Deutschland als Geschenk mitgebracht. Er hatte ihn gleich am ersten Tag in Irkutsk angezogen und seitdem nicht mehr ausgezogen. In seinem winzigen Gepäck war auch nichts Vergleichbares. Wieder war es so ein magischer Moment. Wie gut wir doch zusammenpassen. Viel kann man sich einbilden, wenn man verliebt ist.
 Das Warten wird nervig. Auch die freundlichen Straßenhunde helfen nicht. Ich mache mich mit dem Fotoapparat auf den Weg und fotografiere von den umliegenden Hügeln aus die Bucht und den Blick auf die Insel. Es ist saukalt. Auch die Männer frieren.

Durch den eisigen Wind reißt Toljas Lippe auf. Er blutet leicht. Ich würde ihn gern berühren, aber vor Sergej und den anderen lasse ich das lieber. Ich weiß nicht, ob es ihm recht wäre.

Dann endlich kommt die Fähre. Hier an dieser Stelle ist der Baikal noch nicht zugefroren. Deshalb ist die Fährverbindung noch aktiv. Die Fähre ist offen. Es gibt keine Möglichkeit sich aufzuwärmen. Ich gebe zu, jetzt versagt auch meine knarrende Jacke. Ich friere und kann die Überfahrt nicht genießen. Selbst als endlich die Sonne etwas rauskommt, habe ich keine Möglichkeit mehr mich darüber zu freuen. Mir ist nur noch kalt und ich

bedauere etwas, dass er nicht zu mir kommt und versucht mich zu wärmen, oder was auch immer. Die Magie des Sommers, wo ist sie?

Am anderen Ufer wartet ein alter Uazik auf uns. Wir sind alle froh als er in Fahrt kommt und die Heizung aus einem Loch unter dem Sitz warme Luft ins Auto bläst. Mir ist egal, dass die Scheiben sofort beschlagen und ich wenig von der Insel sehe. Ich merke, dass ich langsam auftaue, und das reicht mir in diesem Moment.

In Khuzhir, dem größten Ort auf der Insel, kommen wir nach vierzig Minuten Fahrt an. Wir wohnen in der Ferienanlage von Nikita, der uns alle freundlich begrüßt. Er kommt mir bekannt vor. Doch es dauert zwei Tage, bis mir klar wird, warum ich das Gefühl habe Nikita zu kennen.

Die Zimmer sind toll. Unser Zimmer erinnert mich an eine Sauna. Niedrig und alles aus Holz. Wunderbar warm, die Elektroheizung auf höchster Stufe.

Draußen wird es dunkel. Aber ein bisschen vom Sonnenuntergang ist noch zu erahnen. Also ziehe ich mich schnell an und gehe allein zum Schamanenfelsen. Er ist nur ein paar hundert Meter von unserem Quartier entfernt. Ein wunderbarer Anblick, der mich hier erwartet. Ich kenne hunderte Fotos von diesem

Ort, aber real hier zu sein ist etwas anderes. Burchan, da bin ich also wieder. Wo, wenn nicht hier, können wir Zwiesprache halten. „Hilf ihm und hilf mir. Ich will diesen Mann mit all seinen Macken und Problemen. Hilf uns, dass wir es schaffen."

Die Sonne geht unter und färbt den Himmel in schmalen Streifen rosa und rot. Ich kann mir gut vorstellen, dass die Schamanen diesen Ort gewählt haben, um ihre Rituale zu vollziehen. Allein schon der Blick von oben auf die bizarr geformten Felsen, auf das Wasser – die Bucht ist magisch.

Tatjana kommt. Sie erzählt, dass dieser Ort früher von Frauen nicht betreten werden durfte. Heute werden wir hier akzeptiert, zum Glück. Sie macht mich auf das wachsende Eis aufmerksam. Und es stimmt, wenn man lange in die Bucht blickt könnte man sich einbilden, dass die Eisfläche an Größe zunimmt. Ist das Einbildung oder wächst es wirklich, das Eis? Tatsächlich hört man ein ganz leises Knistern. Morgen werde ich nachschauen, ob die Eisfläche größer geworden ist. Tatjana sagt, in ein paar Tagen wird der Baikal auch hier komplett zugefroren sein. Im Norden ist das schon lange der Fall, da fahren schon seit ein paar Wochen die Autos wieder auf dem Baikal.

Am Morgen werden wir von Grigori abgeholt. Er spricht sehr gut Deutsch und wird uns die Insel zeigen. Grete und Joni, das junge Pärchen aus Deutschland halten sich frierend an den Händen und sehen lustig aus in ihrem Partnerlook. Sie trägt eine rote Mütze, er die gleiche in blau. Dazu passende Handschuhe und dicke Jacken. Sie sind komplett ausgestattet für ihre Reise ins kalte

Sibirien. Sie fragen mich, wie Anatoli die Kälte aushalten kann. Er trägt doch nur so dünne Schuhe. Ich hatte mich über seine Schuhe ehrlich gesagt auch schon gewundert. Sie sehen aus wie Halbschuhe. Aber das täuscht. Sie sind schon mit Fell gefüttert und etwas höher als man denkt, aber gegen unsere deutschen Winterboots, wasserdicht, atmungsaktiv und bis minus dreißig Grad garantiert, sehen Toljas Schuhe tatsächlich etwas unpassend aus. Wenn die beiden wüssten, dass Anatoli nicht mal einen richtigen Winterpullover im Gepäck hatte, wären sie bestimmt noch verwirrter. Zum Glück trägt er mein Weihnachtsgeschenk und im Auto ist es warm. Es ist ein neues Auto, ein richtig schönes. Wir sitzen im Warmen und Grigori rast mit uns über die unbefestigten Wege der Insel.

Vorsorglich macht er uns darauf aufmerksam, dass er nicht weiß, ob er uns alles zeigen kann, weil er nicht abschätzen kann, wie das mit dem Schnee wird.

Mit welchem Schnee? Wir rasen über Sandpisten. Überall ist eine hauchdünne Schicht Schnee und Eis zu sehen, aber welcher Schnee sollte dieses Auto aufhalten? Hier ist kein Schnee. Es ist der letzte Tag des Jahres, es ist strahlend blauer Himmel und ungefähr minus zwanzig Grad. Aber Schnee oder Wolken, die Schnee bringen könnten, sind nicht in Sicht.

Grigori erzählt viel über die Insel. Viele Geschichten, die skurril und lustig sind. Manchmal weiß ich nicht, was daran wahr, erfunden oder alte Legende ist. Das stört mich etwas, aber es ist lustig.

Unser erster Stopp ist an einem kleinen See. Durch einen Sturm vor einigen Jahren, hat sich eine Sandbank gebildet. Diese natürliche Grenze hat einen Teil des Baikals, eine ehemalige Bucht, in einen neuen See verwandelt. Im Sommer wird das Wasser dieses Sees sehr viel schneller warm und es soll ein beliebter Platz fürs Zelten sein.

Heute ist der Minibaikal komplett zugefroren. Grete und Joni kichern beim Schlittern über das blanke, durchsichtige Eis. Anatoli steht mit Grigori am Ufer und unterhält sich angeregt. Alles was Grigori uns in Deutsch erzählt hat, erfragt Tolja jetzt in der gemeinsamen Muttersprache. Ich bin froh, dass Anatoli überall so schnell Kontakt findet. Das hatte ich gar nicht erwartet von meinem einsamen Wolf. So einsam scheint er gar nicht zu sein. Jedenfalls haben wir alle viel Spaß und ich die Gelegenheit, tolle Bilder von eingefroren Luftblasen im Eis zu machen. Vermutlich ist es eher ein Gas, was da aus den Tiefen des Sees aufgestiegen ist und von der Kälte einfach eingefangen wurde.

Übrigens sind wir scheinbar die einzigen Menschen, die an diesem Tag auf der Insel unterwegs sind. Keine Menschenseele zu sehen. Dass hier im Sommer alles voll sein soll, von Urlaubern, unvorstellbar. Die Landschaft ist kahl. Kein Baum, kein Strauch. Nur verschieden farbige Flechten bewachsen die Steine, dazwischen Sand. Der Wind fegt ungehindert über die Insel. Aber Schnee ist nicht in Sicht.

Kein Baum. Das stimmt nicht. Ein Baum. Ein ganz berühmter. Die heilige Birke. Warum sie hier steht, wie sie irgendwann mal hierhergekommen ist? Keiner weiß es. Sie ist die einzige Birke auf der ganzen Insel, steht dermaßen selbstbewusst in der

Landschaft und wächst bei diesem extremen Klima ganz langsam vor sich hin. Das kann nur ein heiliger Ort sein.

Wir steigen aus und gehen zur Birke. Irgendwie erwarte ich ein besonderes Gefühl. Grigori scherzt, der Baum hätte vier Steckdosen. Er könnte uns also alle vier gleichzeitig auftanken. Doch vorher muss man drei Mal um den Baum laufen und sich dann mit dem Rücken an den Stamm lehnen. Wir schlendern also alle um die Birke herum und lehnen dann mit geschlossenen Augen am Baum. Nein, bei mir stellt sich kein magisches Gefühl ein. Vielleicht hält mich das Bild der Steckdosen davon ab. Keine Ahnung. Natürlich lassen wir noch etwas Kleingeld auf den Boden fallen und ich hoffe trotz allem, dass meine Wünsche in Erfüllung gehen und mein Flehen erhört wird.

Wir fahren weiter. Jetzt wird es hügeliger und wir fahren ziemlich steil nach oben. Dort angekommen gibt es die Wahl zwischen verrückter Abfahrt im Auto, oder eine halbe Stunde Abstieg über die Steine nach unten. Grigori fährt allein, wir vier machen uns an den Abstieg. Es macht Spaß, und auch wenn ich mit Abstand die Älteste bin, ist das kein Problem. Wir machen Fotos und durch die Wolken flimmert ganz zart das Sonnenlicht. Es ist eine schöne Stimmung. Immer wieder kommen wir an aufgestapelten Steinen vorbei. Heilige Orte, die auch immer durch Kleingeld drum herum gekennzeichnet sind.

Ziemlich außer Atem, angenehm erschöpft und glücklich nimmt uns der Reiseführer unten wieder in Empfang.

Wir fahren weiter und jetzt wird es plötzlich waldig hier auf der Insel. Wir hören wieder alte Sagen und sehen eine Baumgruppe,

die wundersame Formen hat. Ein Adler, eine Katze und ein Baum, der durch die Landung einer Hexe beschädigt wurde. Man hat viel Zeit sich Geschichten einfallen zu lassen, hier auf dieser Insel, die zumindest im Winter sehr einsam wirkt. Mit dem Wald ist auch der Schnee gekommen. Es liegt hier viel mehr als auf der anderen Inselseite und es schneit. Dicke Flocken fallen aus dem weißen Himmel. Eine wunderschöne Landschaft. Wir stehen an einer Klippe und Grigori meint, vor uns wäre eigentlich ein grandioser Blick auf den riesigen See, aber durch Schnee und Nebel ist nichts davon zu sehen. Wir schauen in eine weiße Nebelwand. Ich bin schon auf dem Weg zurück zum Auto, als mich Jonathan ruft: „Schau mal, jetzt!" Ganz plötzlich ist die weiße Wand aufgerissen. Wir können für einen kurzen Moment ganz weit blicken, auf den Baikal, auf das Eis, in die Ferne. Wie ein Meer. Es ist ein wunderbarer Moment. Hier ist die Magie, die ich an der Birke nicht gespürt habe. Es scheint für mich also doch der See zu sein, der so etwas ausstrahlt. Nur wenige Minuten später ist der weiße Vorhang wieder zugezogen. Wir setzen uns ins Auto und fahren weiter. Die Landschaft ist jetzt wirklich vollkommen anders. Nichts mehr von steppenartigen Hügeln, jetzt sind wir in einem tief verschneiten Winterwald.

Dann bittet uns Grigori auszusteigen. Wir stehen an einem Waldweg, der hier relativ steil ins Tal führt. Er erzählt, dass er hier schon einmal einen kleinen Unfall mit dem Auto hatte und deshalb sollen wir Äste und Holz aus dem Wald holen, damit wir die Abfahrt etwas absichern können. Erst verstehe ich nicht so genau, wie er das meint, aber wir sammeln Äste und Reisig und

Anatoli holt größeres Holz aus dem Wald. Das alles wird am rechten Wegesrand abgelegt. Es soll dazu dienen, dass die Räder mehr Griff bekommen und das Auto nicht plötzlich abrutscht und gegen die Bäume fährt. Ich glaube Tolja ist froh, dass es so etwas wie Arbeit für ihn gibt, denn Urlaub zu haben und zu machen scheint ihm immer noch ein wenig suspekt zu sein.

Die Fahrt den Berg hinunter klappt vollkommen problemlos und trotzdem ist uns jetzt klar, von welchem Schnee Grigori die ganze Zeit gesprochen hat.

Wir machen auf dem Rückweg noch eine kleine Rast, trinken Tee und essen belegte Brote und schneien dabei immer mehr ein.

Am Nachmittag holt Tolja die Gitarre von Sergej. Ich liege auf meinem Bett und höre zu, wie er versucht mit dem Instrument klar zu kommen. Er ärgert sich, dass er scheinbar so viel vergessen hat, aber nach ungefähr einer Stunde bin ich doch ziemlich beeindruckt, was er aus dem Instrument alles rausholt. Ich merke, dass er das wirklich mal gut konnte, aber scheinbar schon seit langer Zeit nicht mehr gemacht hat. Ich liebe es, wenn er russische Lieder singt, und es ist mir vollkommen egal, ob er ab und zu mal einen falschen Gitarrengriff macht. Ich genieße, dass er für mich singt und liebe ihn mehr als ich sagen kann.

Manchmal gibt es schwierige Momente. Sie sind geprägt durch kulturelle Missverständnisse und Sprachprobleme.

Ab und zu weiß ich nicht, was er vorhat. Er geht einfach aus dem Zimmer. Wenn er längere Zeit nicht wiederkommt finde ich das merkwürdig. Manchmal sitzt er dann draußen im Vorraum vor dem einzigen Fernseher, der einen wahnsinnig schlechten Empfang hat. Ich frage ihn, ob er mir nicht einfach sagen kann, was er für Pläne hat. Dann würde ich nicht warten, könnte mir selbst eine Beschäftigung suchen und es wäre so besser für mich. Er sagt, dass er ja der einsame Wolf ist und daran nicht denken würde. Ab jetzt versucht er es. Manchmal geht er raus, dann geht die Tür noch einmal auf, er schaut rein, lächelt, entschuldigt sich und sagt, dass er einen Tee trinken geht. Manchmal macht er sich auch lustig über mich. Er geht zur Toilette und sagt: Ich gehe übrigens zur Toilette, ist das o.k.? Mmmm, so war das nicht gemeint. Aber wir lachen miteinander.

Nicht nur ich, auch Grete und Jonathan haben bemerkt, dass die russischen Männer beim Essen einfach vom Tisch aufstehen, wenn sie fertig sind. Es kam schon vor, dass Anatoli mich einfach allein am Tisch des kleinen Speiseraumes hat sitzen lassen. Auch bei Sergej habe ich dieses Verhalten bemerkt. Ich fasse Mut und sage Tolja, dass es in Deutschland ein Scheidungsgrund wäre, wenn man immer wieder die Frau allein sitzen lassen würde. Ich beziehe es mehr auf Tatjana und Sergej, aber er versteht sehr wohl, dass ich auch ihn meine. Er sagt nichts dazu. Am Abend im Bett sagt er plötzlich, dass er dazu etwas sagen will. In Russland stehe man nur gemeinsam auf, wenn es sich um den Leichenschmaus handelt. Sonst kann wohl jeder aufstehen wann er will. Ich bin still und ärgere mich über meine Kritik.

Heute, am letzten Tag des Jahres, gibt es in der kleinen Sporthalle des Ferienobjektes eine Theatervorstellung. Die Einwohner des Dorfes haben wie wohl jedes Jahr, eine Weihnachtsgeschichte einstudiert. Der Sportraum ist absolut überfüllt, aber es ist ein wunderbar weihnachtliches Gefühl, das sich bei mir einstellt. Obwohl Weihnachten hier erst am 6. Januar ist und ich mein Weihnachten ja schon hatte. Selbst als Tolja lieber rausgeht, weil es ihm zu warm ist, macht mir die Vorstellung weiterhin viel Freude. Ich verstehe nicht alles, kapiere aber schon, worum es in der kleinen Weihnachtsgeschichte geht.

Dann machen wir uns für die Silvesterfeier fertig. In einer kleinen Stolowaja, so etwas wie ein sehr kleines einfaches Restaurant, trifft sich eine bunte internationale Mischung von verrückten Leuten, die im kalten Sibirien Silvester feiern wollen.

Es gibt einen Tisch mit Japanern, am anderen Tisch sitzen Esten, dann ein großer Tisch mit Russen und der deutsche Tisch. Drei Deutsche und drei Russen – wir sind der deutsche Tisch.

Tatjana verteilt lustige Verkleidungsaccessoires: eine bunte Spaßbrille, Weihnachtsmützen und glitzernde Masken. Tolja ist sehr ruhig. Sicher fehlt ihm seine große Familie. Alle essen und trinken, lachen und spielen. Tolja trinkt nicht, dafür isst er umso mehr. Seine traurige Stimmung steckt mich etwas an, aber das ist auch nicht unbedingt etwas Besonderes bei mir. Die Stimmung am Jahresende ist bei mir häufig etwas melancholisch. Also vielleicht liegt es gar nicht an ihm, sondern an mir selbst. Als Grete und Jonathan ihre Verlobung bekanntgeben, stoßen wir mit Schampanskoje an. Eigentlich wollte ich aus Solidarität keinen Alkohol trinken, aber daraus wird nun nichts. Auch alle anderen trinken viel und ziemlich durcheinander. Die Spiele sind albern und es ist eigentlich lustig. Ich tanze mit irgendwelchen Menschen, aber nicht mit ihm. Er geht raus, um zu telefonieren. Um zwölf stoßen wir an und er geht wieder telefonieren. Ich stehe bei minus fünfundzwanzig Grad draußen, schaue mir ein kleines Feuerwerk an und fühle mich unendlich einsam.

Danach wird noch mehr getanzt, gelacht und getrunken. Tolja ist schon gegangen. Ich will ihm nicht gleich hinterherrennen und bleibe noch etwas bei der Feier.

Ded Moros, Väterchen Frost, kommt, und als er das Kostüm auszieht, ist es eine Frau, die mit uns ins neue Jahr tanzt. Ich beneide Grete und Joni und gehe gegen halb drei den kurzen, sehr kalten Weg rüber in unser Quartier.

In seinen Armen weine ich mich in den Schlaf. Mein Russisch reicht nicht aus, um ihm meine Gefühle zu beschreiben. Sein Mut reicht nicht aus, um mit mir über das zu sprechen was er fühlt. Wir halten uns fest und ahnen vielleicht beide zum ersten Mal, dass es große Unterschiede zu überwinden gäbe, riesige Probleme zu lösen und Liebe nicht immer einfach ist.

Die rosarote Brille fängt an, sich zu entfärben.

Am nächsten Morgen sind wir beide schon sehr zeitig wach. Es ist ein wunderschöner Neujahrsmorgen. Sonnig und kalt. Wir ziehen uns an und machen einen langen Spaziergang durch den Ort. 1500 Menschen leben auf der Insel, 1200 von ihnen hier in Khuzhir. In den Sommermonaten kommen bis zu 80.000 Tou-

risten auf die Baikalinsel. Jetzt scheinen wir die einzigen zu sein, die unterwegs sind und es ist wunderschön. Wir reden, wir unterhalten uns, wir lachen. Später wird Tatjana mir erzählen, dass sie uns von weitem gesehen hat und wir uns so angeregt miteinander unterhalten haben, dass sie gar nicht glauben konnte, dass wir es sind.

Wir gehen in die kleine Kirche, Tolja zündet Kerzen an, wir wandern noch einmal zum Schamanenfelsen, machen wunderschöne Fotos und bei mir sind alle Gedanken der Nacht verflogen. Vielleicht können wir es doch schaffen.

Die drei Tage sind schnell vorbei. Wir lachen beim Tischtennis im eiskalten Sportraum. Wir schwitzen in der Banja und ich versuche ständig den Gedanken an unsere begrenzte Zeit zu verdrängen. Es gelingt mir nicht wirklich.

Immer wieder habe ich das Gefühl, dass ich Nikita kenne. Ihm gehört hier die ganze Ferienanlage. Die alte und die neue. Er ist immer freundlich. Versucht in Englisch, Französisch oder Russisch mit seinen Gästen zu sprechen. Er fragt, wie uns das Essen schmeckt, lässt für uns die Banja anheizen oder organisiert die ganze Silvesterfeier. Aber warum kommt er mir so bekannt vor?

Am letzten Tag frage ich ihn, ob er schon einmal bei einer Dokumentation für das deutsche Fernsehen mitgearbeitet hat. „Ja, klar. Das ist noch gar nicht so lange her." Und mit dieser Antwort ist es plötzlich ganz klar. Ich habe ihn im Fernsehen gesehen. Es gab eine zweiteilige Reportage über vier junge Deutsche, die für ein paar Wochen ein Café am Baikalsee eröffnet hatten. Den Sinn

des Films hatte ich nicht so ganz kapiert, denn man wusste bis zum Schluss nicht, warum die vier das Abenteuer auf sich nahmen, wenn doch alles nach vier Wochen wieder vorbei sein sollte. Aber es waren wunderschöne Bilder vom Winter hier auf der Insel Olchon und ich hatte es voller Wehmut gesehen. War ich doch in Gedanken eigentlich das ganze letzte Jahr hier in Sibirien.

Für die Rückfahrt hat Tatjana eine Überraschung organisiert. Man sieht ihr die Abenteuerlust regelrecht an, aber sie verrät nichts. Wir steigen in einen Uazik und fahren mit Sack und Pack in die Einsamkeit. Irgendwo am Ufer lässt uns der Fahrer aus-

steigen. Wir bekommen unser Gepäck und stehen irgendwo im Nirgendwo mitten im Schnee. Der See ist hier schon zugefroren, aber wie, bitte schön, soll es von hier aus weitergehen? Tatjana grinst wissend und freut sich.

Jetzt sehen wir auch warum. Vom Festland aus rast ein Luftkissenboot über das Eis auf uns zu. Wir passen zu sechst plus Fahrer und Gepäck genau in das nicht mehr ganz neue Gefährt und sausen los. Es macht mörderischen Spaß und alle sind gut drauf. Das Eis wird dünner, aber wir schlittern darüber hinweg und genießen das Abenteuer.

Plötzlich ein Knall. Das Boot kommt zum Stehen. Ruhe. Dann lautes Knacken. Wir schauen aus den Fenstern und sehen, wie um uns herum das Eis bricht. Einen kurzen Moment denke ich darüber nach, wie lange man im eiskalten Wasser überleben kann und spüre auch etwas wie Angst. Aber nur ganz kurz. Dann erinnere ich mich, dass wir auf einem Luftkissenboot sind. Das kann doch nicht sinken, oder? Aber wenn es nicht fährt und das Eis so dünn ist, wie kommen wir hier weg? Gibt es überhaupt ein zweites Luftkissenboot, das uns abschleppen kann? Kommt ein normales Boot noch durch das Eis?

Der Fahrer klettert nach draußen in die Kälte. Er geht nach hinten, dort befindet sich der Antrieb, eine Art Propeller im Käfig. Er kommt zurück und holt einen kleinen Werkzeugkoffer.

Nach einer Weile steigt er wieder ins Innere des Bootes und holt einen großen Werkzeugkoffer. Ich denke daran, dass es alte Technik ist, und die kann man doch eigentlich immer irgendwie reparieren. Der Antriebsriemen ist gerissen. Mir fällt der Trabant ein, da konnte man den Keilriemen mit einer Damenstrumpfhose ersetzen. Ob so etwas hier auch funktioniert? Aber wer gibt bei dieser Kälte seine Strumpfhose her? Bei mir wäre es auch eher eine dicke Thermounterhose.

Anatoli ist unterdessen mit draußen und versucht zu helfen. Auch Jonathan und ich sind draußen. Machen Fotos und schauen immer wieder etwas besorgt auf das sehr dünne Eis um uns herum, das ringsum gebrochen ist und immer wieder sehr merkwürdige Geräusche macht.

Nach einer guten halben Stunde ist das Boot repariert. Wir setzen unsere Fahrt fort und sind ein paar Minuten später auf dem Festland. Tatjana hatte uns ein Abenteuer versprochen und sie hat Wort gehalten.

Das Auto von Sergej hat zwei platte Reifen. Grete, Jonathan und ich dürfen in einem einfachen Holzhaus im Warmen warten. Die Männer reparieren und Tatjana ist unterwegs. Endlich können wir losfahren. Alle sind ziemlich durchgefroren, aber im Auto wird es schnell warm und ich werde zusätzlich gewärmt. Wie schön das ist.

An unserem letzten Abend in Irkutsk gehen wir ins Kino. Ein russischer Film mit dem Namen „Jolka", also „Weihnachtsbaum", wird gezeigt. Es ist sehr warm im Kino – es dauert gar nicht lange und Tolja schläft. Ich habe Mühe den Inhalt zu verstehen und kämpfe ebenfalls gegen die Müdigkeit. Ehrlich gesagt dachte ich, dass Kino für ihn etwas Besonderes ist, denn dort, wo er wohnt, ist kilometerweit kein Kino. Jetzt, wo ich ihn hier so friedlich schlafen sehe, glaube ich, so etwas Außergewöhnliches scheint das doch nicht zu sein.

Es schneit, richtig viel Schnee fällt aus dem dunklen Himmel. Es ist gegen dreiundzwanzig Uhr. Bitterkalt und der Bahnsteig in Irkutsk ist innerhalb kurzer Zeit komplett zugeschneit. In Deutschland dürfte hier kein Mensch stehen, denn man könnte ja ausrutschen und ins Gleis stürzen. Hier denkt niemand darüber nach. Es wird immer mehr Schnee und trotzdem wird der Zug pünktlich auf die Minute bereitgestellt.

Wir zeigen unserer Pässe, unsere Fahrkarten und unsere Platzreservierungen und dürfen einsteigen. Wenn alles so klappt, wie Tatjana versprochen hat, müssten wir in unserem Abteil allein bleiben. Sie kennt sich aus und wusste genau, welches Abteil man nehmen muss, um evtl. nur zu zweit zu sein. Es scheint zu klappen. Wir beziehen unser Bettzeug mit der weißen Bettwäsche, klappen die oberen Liegen weg und ich freue mich wahnsinnig auf die dreiunddreißig Stunden, in denen er mir nicht weglaufen kann, in denen er mit mir reden muss, in denen wir ganz allein sind.

Es ist heiß. So heiß, dass ich alles ausziehe, was ich ausziehen kann. Trotzdem trinken wir Tee, essen unser mitgebrachtes Abendbrot, hören Musik vom Handy. Ich schreibe endlich mal ein paar Zeilen ins Tagebuch, lese, beobachte ihn und bin glücklich.

Der Zug rattert über die Schienen und es ist ein wunderbares Geräusch. Es beruhigt, es macht mich zufrieden. Ich muss nichts tun, ich kann nichts tun, komme aber vorwärts. Was gibt es Entspannenderes auf der Welt? Ich hatte es schon im Sommer gedacht. Es ist ein unglaubliches Gefühl. Entfernungen bekommen plötzlich wieder eine reale Größe. Eine lange Fahrt bedeutet eine große Entfernung. Es ist echt, real, richtig. Es fühlt sich gut an.

Diese Fahrt könnte immer so weitergehen. Nie zu Ende gehen. Ich gehöre zu ihm. Wir zwei sind uns genug.

Nein, das stimmt nicht wirklich. Er wird unruhig. Er will nach Hause. Er will etwas machen, arbeiten, Holz hacken, seine Familie treffen. Aber noch fährt der Zug durch die Winterlandschaft. Ab und zu sehe ich kleine Dörfer, manchmal nur einzelne Gehöfte. Ich frage mich, wovon die Menschen hier in der Ein-

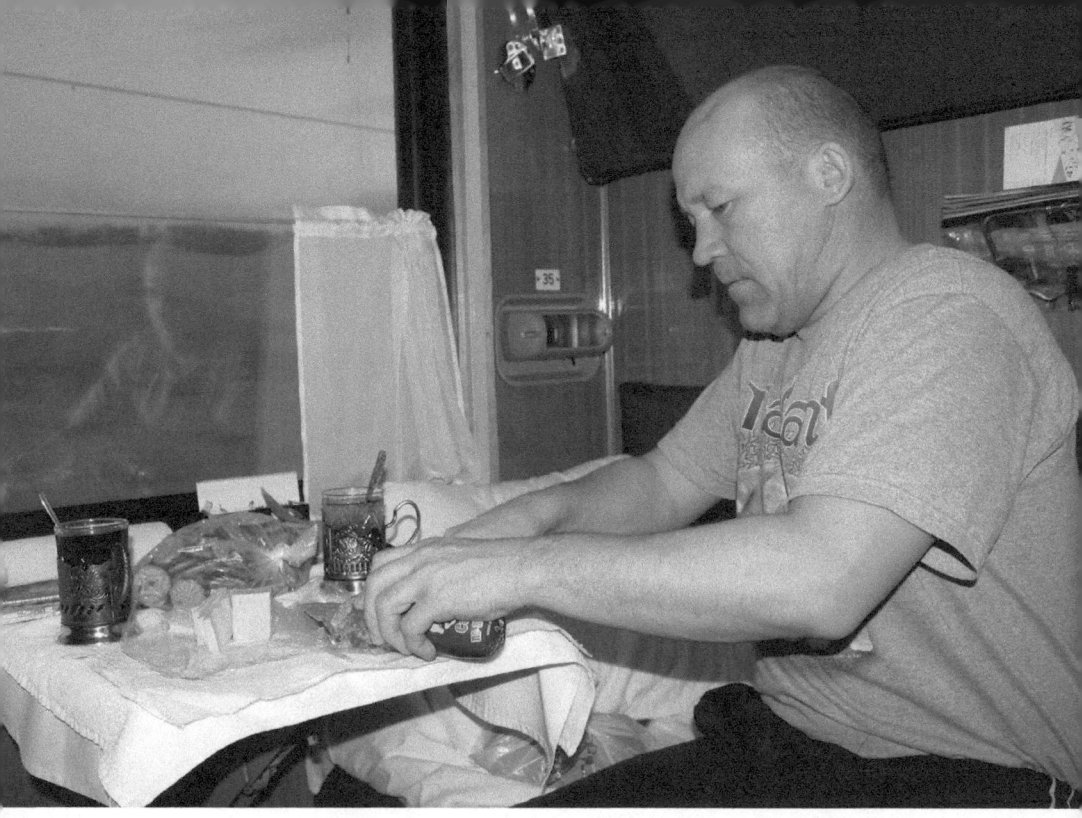

samkeit leben. Das frage ich mich aber nicht nur hier. Selbst in Brandenburg kommt mir diese Frage manchmal in den Sinn. Es gibt wunderschöne Dörfer in meiner Heimat. Aber wenn ich die Dorfstraße entlangfahre, frage ich mich oft, wo arbeiten die Bewohner eigentlich? Wovon leben sie? Hier sind die Entfernungen mit nichts zu vergleichen. Die Menschen können nur auf sich allein gestellt überleben, ob das ein schönes Leben ist, wage ich nicht zu beurteilen. Und schon rast wieder ein einsames Holzhaus an mir vorbei und nur der Rauch, der aus dem Schornstein aufsteigt verrät, dass hier wirklich jemand wohnt. Jetzt wohne

ich selbst in einem solchen Holzhaus. Wir sind bei ihm. Es ist ein anderes Häuschen als im Sommer, aber innen sieht es eigentlich genauso aus. Die gleichen alten Einrichtungsgegenstände, die gleichen Gardinen, ein Ofen, ein Waschbecken, kein fließend Wasser, ein Stehklo draußen im Garten.

Wir sind in Nischneangarsk, dem kleinen Ort am Nordufer des Baikals. Es ist kein schöner Ort, kein Dorf, aber auch keine Stadt, irgendwas dazwischen.

Der Winter ist kalt, für mich. Die Sibirier empfinden die minus dreiundzwanzig Grad als ganz normal. Neulich waren es minus neunundvierzig. Tolja hat irgendwas zu tun und ich mache mich auf den Weg. Ich will den Ort erkunden, den See erleben und Fotos machen. Ich ziehe alles an, was ich dabeihabe und das ist nicht besonders viel. Auf der Hinfahrt hätte ich zwar meinen ganzen Koffer mitnehmen können, aber da ich jetzt schon weiß, dass meine Rückfahrt mit dem kleinen Flugzeug von Nischneangarsk nach Irkutsk beginnen wird, musste ich mich auf Minimalgepäck beschränken, denn eigentlich darf man in die Cessna nur zehn Kilo Gepäck pro Person mitnehmen. Allein schon mein Rucksack wiegt so viel. Da bleibt nicht viel für Thermounterwäsche, Stiefel, Ersatzmütze und Pullover. Aber irgendwie habe ich schon etwas gelernt mich einzuschränken. Mehr als die Hälfte meines Gepäcks ist bei Tatjana in Irkutsk geblieben.

Ich ziehe mich also warm an und marschiere los. Das Wetter ist nicht schön. Kaum Sonne, alles eine Soße. Aber als ich schon eine Weile unterwegs bin, komme ich an der Landungsbrücke des Schiffes an. Ein halbes Jahr ist es her, dass ich hier ankam. Unvorstellbar, dass ich schon wieder hier bin und unglaublich, wie lang und sehnsuchtsvoll diese Monate waren.

An den aufgeschütteten riesigen Steinen haben sich Eiszapfen gebildet, die Sonne ist etwas rausgekommen und ich will unbedingt Fotos machen. Aber das ist leichter gesagt als getan. Ich versuche über die Steine zu klettern. Oh Gott, hoffentlich sieht mich keiner. Ich stelle mich ziemlich blöd dabei an. Aber das hat auch einen Grund. Die Steine sind zugeschneit und vereist. Ich weiß nicht, ob ich zwischen die Steine einen Fuß setzen kann. Manchmal klappt es, aber manchmal verschwindet auch mein ganzes Bein in einer Spalte. Man kann nicht sehen, ob unter dem Schnee ein weiterer Stein ist, oder nur ein Hohlraum. So wahnsinnig lange Beine habe ich nicht und wenn erst mal ein großer Teil davon verschwunden ist, ist es gar nicht so leicht, das Bein da wieder raus zu bekommen. Zum Glück gibt es hier wenig Verrückte, die bei diesen Temperaturen auf Steinen rumklettern. Mich sieht also keiner und als ich die Taktik ändere und mich einfach über den Schnee nach unten rutschen lasse, komme ich auch gut auf dem zugefrorenen See an. Ich denke noch nicht darüber nach, wie ich später wieder hochkomme. Jetzt mache ich erst mal meine Fotos. Es sieht unheimlich schön aus. Ich liege auf dem Eis, halte den Fotoapparat in irgendwelche Gesteinszwischenräume und fotografiere die glitzernden Eiszapfen. Es werden sehr schöne Bilder. Ich fühle mich wie ein Expeditionsteilnehmer. Unterdessen habe ich auch keine Angst, hier irgendwie einzubrechen. Mir ist klar, dass das Eis sehr dick ist, auch wenn ich keine Autos über den See fahren sehe, so wie im letzten Winter.

Mit viel lustiger Kletterei bin ich auch irgendwann wieder oben auf dem Landungssteg und ganz plötzlich wird mir kalt. Kalt ist nicht die richtige Bezeichnung. Es beginnt an den Wangen. Es pickst und tut weh. Ich ziehe den Schal höher ins Gesicht, aber es hilft nicht. Es wird schlimmer. Ich habe das Gefühl die Haut im Gesicht platzt auf und ist verletzt. Sind das Erfrierungen? Ich spüre, ich muss ganz schnell ins Warme. Aber hier ist kein Café oder Geschäft. Hier ist nur eine Straße, viele Häuser auf der einen Seite und der See auf der anderen Seite. Ich schätze, dass ich ungefähr eine halbe Stunde bis nach Hause brauche. Das werde ich wohl noch aushalten. Wäre doch gelacht, wenn ich von meinem ersten Ausflug nicht heil nach Hause käme. Ich gehe also sehr zügig in Richtung Hütte. Ja, das Piksen und Ziehen auf den Wangen wird eindeutig mehr, aber nach ungefähr vierzig Minuten komme ich an. Sehr erleichtert wärme ich mich am russischen Ofen. Tolja erzähle ich nichts von meiner Angst. Ich will nicht, dass er sagt, dass das Leben hier zu hart für mich ist. Ich zeige ihm nur stolz meine Fotos.

Es ist Weihnachten. Nach dem russischen Kalender wird am 6. Januar die Geburt Christi gefeiert. Doch man merkt nicht viel davon. Die Familie ist nicht sehr religiös. Man geht zwar mal kurz in die Kirche, aber so ein wichtiger Festtag wie in Deutschland scheint das hier nicht zu werden. Tolja hatte mir das schon vorher gesagt, aber ein bisschen schade finde ich es jetzt doch.

Ich langweile mich. Im Fernsehen wird eine Rede von Präsident Putin verlesen, danach kommen klassische Musik und später alte Filme.

Tolja hackt Holz, geht irgendwo helfen und ist wieder da. Er merkt, dass ich mich langweile. Ich sage zu ihm, dass ich irgendetwas tun möchte, ihm helfen oder was auch immer. Nach längerer Überlegungszeit fällt ihm etwas ein. Er holt einen Eimer mit eingetrockneter weißer Farbe. Mit Hilfe von lauwarmem Wasser lässt sich die Kalkfarbe wieder aufrühren. Dann kommt noch blaue Farbe hinzu, gut umrühren und dann darf ich den russischen Ofen streichen. Natürlich nicht bevor mir Anatoli ein Kopftuch umgebunden hat. Nun amüsiert er sich über seine sibi-

rische Frau und ich bin dankbar, etwas tun zu dürfen. Es macht Spaß. Doch sobald die Farbe am warmen Ofen trocknet, was natürlich sehr schnell geht, wird aus dem Himmelblau ein Weiß. Doch egal. Ich finde mich unendlich russisch, sibirisch. Ich fühle mich sehr wohl und heimisch.

Am Abend gehen wir zu Valentina. Der Tisch fürs Abendbrot wird im Wohnzimmer gedeckt. Es gibt viele verschiedene Speisen und ich muss von allem kosten. Vieles ist sehr lecker.

Seine Schwester Tonja fragt mich, ob ich Leber esse. Nachdem ich im Wörterbuch nachgeschaut habe, bejahe ich die Frage.

Sie verschwindet in der Küche. Als sie wiederkommt, liegt frische Leber auf einem Holzbrettchen. Schon in kleine Stücke geschnitten. Ich denke sie will mir noch einmal zeigen, wovon die Rede ist und ich bestätige noch einmal, dass ich gebratene Leber ganz gern esse. Nein, nein, nicht gebraten, roh muss man das essen, dann ist es besonders gesund und lecker. Alle greifen zu und essen ein kleines Stück davon. Ich komme mir blöd vor, erzähle zwar noch, dass man bei uns die Leber gebraten isst, aber ich versuche auch ein kleines Stück und hoffe, dass sie mich bitte damit endgültig in ihre Gemeinschaft aufnehmen mögen. Wir stoßen mit einem Wodka aufs Weihnachtsfest an und lachen viel. Ich verstehe zwar nicht, worüber gelacht wird, aber spätestens als sich Tolja und Valentina einen Wettkampf im Senfessen liefern, kann ich auch mitlachen. Der russische Senf ist so scharf, dass nicht nur die Augen tränen. Valentina lacht so ansteckend über das Keuchen und Prusten ihres Bruders, dass wir alle mitlachen müssen. Es ist ein wunderschöner Familienabend, an dem natürlich der Fernseher läuft und der bunte, mit Lametta überhäufte Weihnachtsbaum mit seinen blinkenden Lichtern um Aufmerksamkeit buhlt. Weihnachten in Sibirien.

Tolja möchte mit mir unbedingt nach Uojan, nach Hause. Dort ist der Winter wie im Märchen, sagt er. Doch irgendwie klappt das alles nicht so, wie er möchte. Erst ist von einem Auto die Rede, das er sich von einem Kumpel borgen will. Sein alter Lada, den wir im Sommer benutzt haben, existiert nur noch als Schrott im Garten.

Dann stehen wir plötzlich am Bahnhof. Aber nicht am Bahnsteig, sondern etwas vor der Station, mitten im Schnee. Es schneit, es ist kalt, die Füße werden nass, aber es kommt kein Zug. Ich vermute, dass wir hier stehen hat folgenden Grund. Tolja hat kein Geld, aber er arbeitet für die Bahn. Vermutlich will er versuchen den Zug vor der Station zu stoppen, damit wir ohne Fahrkarte einsteigen können. So richtig will er mir nicht sagen, warum wir hier in der Einöde langsam einschneien. Ist auch egal, denn der Zug kommt ja nicht. Er telefoniert. Ich merke, dass er sauer ist. Wir machen uns auf den Rückweg und stehen an einer Bushaltestelle. Ich habe kapiert, dass der Fahrplan sich mit dem Jahreswechsel geändert hat und wir den Zug verpasst haben. Tolja ist sauer. Wir warten auf den Bus, der uns zurück zu seiner Hütte bringen soll. Gegenüber der Bushaltestelle ist eine Rampe aus Eis aufgebaut. Die Kinder der Umgebung rutschen immer wieder runter, laufen die Treppen aus Eis wieder hoch und rutschen wieder runter. Kleine Kinder, große Kinder und Jugendliche. Ich hätte auch Lust, aber bei der schlechten Laune, die Tolja verbreitet, frage ich erst gar nicht. Außerdem macht dort drüben kein einziger Erwachsener mit. Also lieber nicht.

Als seine Schwester Valentina auf seinem Handy anruft, wird er plötzlich wieder fröhlich. Wir werden doch noch in sein geliebtes Uojan kommen. Seine Schwester hat beschlossen ihm ihr Auto zu borgen. Er muss allerdings als Gegenleistung die Jungs der Familie, die gerade dort in den Ferien sind, auf dem Rückweg mitbringen. Kein Problem. Wir fahren also ins Dorf, gehen das Auto holen, quatschen noch mit einem großen Teil der Familie und machen uns auf den Weg.

Drei Stunden Fahrt durch den schönsten Winterwald, den ich je gesehen habe. Wirklich wie im Märchen.

In Uojan ist es kalt und schön, aber die jüngste Schwester Galina wirkt müde. Vielleicht haben die vier Jungs sie etwas kaputt gespielt. Der anstrengendste ist allerdings ihr eigener Sohn Witja. Er ist sehr aufgeweckt, fünf Jahre alt und für mich ein Super-Gesprächspartner. Er denkt nicht darüber nach, dass ich kein Russisch kann. Er plaudert einfach drauflos und irgendwie funktioniert es. Und er kuschelt mit mir. Genau wie der Familienkater. Das tut mir gut, denn manchmal fehlt mir Nähe. Mir fehlen auch meine Kinder und manchmal fehlt mir die große Verliebtheit, die

am Anfang wie ein großes Wunder über mich hereingebrochen war. Von mir aus hätte das noch eine Weile so bleiben können. Ich glaube er denkt, dass es ganz selbstverständlich ist. Wir gehören doch zusammen. Für mich ist es nicht so einfach. Ich versuche so wenig wie möglich über die Zukunft nachzudenken. Eine Zukunft, die es wohl nicht geben wird. Abends schlafe ich in seinen Armen ein und tagsüber genieße ich das einfache russische Familienleben. Dazu gehören keine ständigen Liebesbekundungen. Er wäre kein verliebter Teenager, wie das junge deutsche Paar zu Silvester, ist Toljas Erklärung, als ich ihn danach frage.

Wir machen einen wunderschönen Spaziergang auf dem zugefrorenen Fluss. Ringsum ein Wintermärchen und strahlend blauer Himmel. Ich mache Fotos bei unterdessen minus achtundzwanzig Grad. Da ich weiß, was mit einem Fotoapparat passiert, wenn er zwischen warm und kalt pendelt, lasse ich den Apparat im ungeheizten Vorraum des Hauses liegen. Tolja denkt, dass ich ihn vergessen habe und bringt ihn mit ins Warme. Sofort bildet sich Kondenswasser im Innern. Einige Fotos, die ich danach mache, haben im Zentrum eine unscharfe Stelle.

Ich baue den Apparat soweit es geht auseinander und halte ihn im Auto an die Lüftung. Es hilft. Nach ungefähr einer halben Stunde ist alles wieder in Ordnung. Auf dem Rückweg ist das Auto voll. Die drei Jungs aus Nischneangarsk sitzen auf der

Rückbank und futtern Süßigkeiten. Genau so lange, bis es Ruslan schlecht wird. Leider hat er es nicht geschafft rechtzeitig Bescheid zu sagen. So machen wir im Wintermärchenwald eine kleine Pause und reinigen das Innere des Autos mit Schnee. Das klappt besser als gedacht und die kalte Winterluft macht auch alle wieder klar im Kopf und Bauch.

Dselinda, die heißen Quellen. Alle freuen sich auf den kurzen Abstecher. Doch unterdessen ist es richtig kalt und dunkel. Trotzdem finden wir mitten im Wald den Weg zur Quelle und stolpern und schlittern zum heißen Wasser hinunter. Ich hatte Bilder von dem Ort im Winter gesehen und mir das Ganze wild romantisch vorgestellt. Ein vereistes Holzhäuschen und dampfendes heißes Wasser. Doch, auch wenn es tatsächlich so aussieht, romantisch ist es nicht. Wirklich nicht. Es ist stockdunkel. Von dem komplett vereisten Umkleidehäuschen ist nur etwas zu sehen, wenn Tolja, der übrigens nicht ins Wasser will, mit meinem Fotoapparat Bilder macht und für einen kurzen Moment die Umgebung vom Blitz erhellt wird.

Ich gehe in das absolut dunkle Umkleidehäuschen, ziehe meine warmen Sachen aus und meinen Badeanzug an. Stehe dabei auf meinen Schuhen, um nicht festzufrieren und halte die Idee plötzlich für total verrückt. Es sind bestimmt dreißig Grad unter Null und ich denke darüber nach wie sich der Tod durch erfrieren anfühlt. Warum will Tolja nicht ins Wasser? Warum war ich so scharf auf dieses Abenteuer? Es ist doch viel zu kalt. Es ist doch Wahnsinn.

Doch dann bin ich im Wasser. Es ist heiß, angenehm und irgendwie unwirklich. Gut, hier drin kann ich es aushalten. Doch die Jungs scheinbar nicht. Sie sind ständig am Rand, springen ins Wasser und schon sind sie wieder mit den nackten Füßen auf dem Eis, springen wieder ins heiße Wasser und so weiter. Ich finde das nicht so toll, denn unterdessen sind durch das Spritzwasser auch meine Haare nass und in wenigen Sekunden sind sie gefroren. Nein, es macht mir keinen Spaß und ich habe Angst mich in der dunklen Kälte wieder anzuziehen. Die Angst ist nicht unbegründet. Mein erster Fehler: Ich finde meine warmen Sachen nicht sofort. Ich taste in der stockdunklen Eiseskälte rum und versuche meine Kleidung zu finden. In der Zwischenzeit habe ich meinen nassen Badeanzug ausgezogen und auf die vereiste Bank gelegt. Noch bevor ich alles angezogen habe wird mir klar, dass mein Badeanzug fest angefroren ist. Mit Gewalt reiße ich ihn vom Eis. Mein zweiter Fehler: Ich stehe mit nackten Füßen auf dem Eis. Ich suche verzweifelt meine Schuhe und stelle mich darauf. Irgendwann habe ich alles zusammen und finde den dunklen Weg zum Auto. Der Motor läuft und ich halte meine fast erfrorenen Finger vor die Lüftung und bin traurig, dass es so unromantisch war. Ich bin überzeugt davon, dass mich eher die Dunkelheit als die Kälte irritiert hat. Vielleicht habe ich ja irgendwann noch einmal die Chance das Abenteuer zu wiederholen. Ich hätte nichts dagegen, wenn dann die Sonne scheinen würde und die Temperatur nicht ganz so extrem wäre.

Am Abend vor meinem Abflug soll es noch eine Überraschung geben. Sie reden immer wieder von der Sauna und wenn ich er-

widere, dass ich mich auf die Banja freue, sagen sie „Nein, dieses Mal Sauna". Gut, lasse ich mich überraschen. Bis wir dann wirklich alle zusammen sind und mit zwei Autos an den Rand des Ortes fahren, sind gefühlt Stunden vergangen. Ich glaube, eine so große Familie zusammen zu halten, bedeutet auf alle Fälle, viel Geduld zu haben. Aber irgendwann sind wir also an der Sauna. Draußen ist eine kunterbunte Beleuchtung, die den Schnee rings um das Haus mit farbigen Lichtflecken verziert. Drinnen gibt es eine Elektrosauna und ein kleines Schwimmbecken. Ich glaube, das ist die wirkliche Attraktion. Die Kinder stürzen sich sofort

ins Wasser und wenn auch zum Schwimmen kaum Platz ist, das Becken ist vielleicht zehn mal vier Meter, ist es doch eine schöne Abwechslung. Wir haben die ganze Anlage für uns allein; also Tolja, als einziger Mann, drei Schwestern, ich und drei Jungs. Man sieht dem Sibirier an, wie stolz er auf seine Familie ist. Leider ist bei solchen Aktionen sein Sohn nur selten dabei. Er lebt bei der Mutter und ist immer nur kurz beim Vater.

Nach der Hitze in der Sauna und der Abkühlung im Schwimmbecken gehen wir alle eine Etage höher. Dort oben gibt es einen großen Tisch, einen bunten Weihnachtsbaum, eine Musikanlage und einen Wasserkocher. Das Essen haben wir mitgebracht und zu meinem Erstaunen packen sie einen Großteil deutscher Süßigkeiten und Weihnachtsgebäck aus. Alles, was ich im Weihnachtspaket geschickt hatte, das übrigens zehn Wochen bis nach Sibirien unterwegs war, haben sie aufgehoben und wollen es nun mit mir zusammen essen. Es gibt außerdem Tee, Saft, eingelegtes Gemüse, Fisch und Brot.

Es ist warm hier oben. Die Kinder lassen sich mit nacktem Oberkörper vorm Weihnachtsbaum fotografieren und alle sind erschöpft und froh.

Zurück bei Valentina wird es noch einmal hektisch. Es ist schon nach zweiundzwanzig Uhr, aber alle packen noch einmal Dinge zusammen. Die Kinder nicht, die setzen sich vor den Fernseher. Doch die Erwachsenen ziehen sich noch einmal besonders dick an. Es werden Mützen und Handschuhe verteilt und wir steigen wieder ins Auto. Es geht zum Ufer des zugefrorenen Baikal.

Dort, ein paar Minuten vor der Stadt, gibt es einen Ort, an dem so etwas wie ein ewenkisches Denkmal steht. Es sieht aus wie eine riesige schamanische Trommel, die in einem Gestell hängt, welches an ein ewenkisches Dschum, also ein Zelt erinnert. Im Innern der Trommel hängt ein riesiger Klöppel. Bei starkem Wind kommt es vor, dass er gegen die Trommel stößt und es einen magischen Ton gibt. Dort an diesem Ort macht Tolja, der wieder als einziger Mann dabei ist, ein Feuer. Sie haben alles dabei: Holz, ein kleines Beil, Streichhölzer und verschiedene Dinge, die nach und nach von uns Frauen ins Feuer geworfen werden. Tee, Salz, Brot und Wodka. Wir opfern diese Lebensmittel unseren Vorfahren und bitten um ein gutes Jahr.

Es ist ein kleines ewenkisches Ritual, das an den schamanischen Glauben erinnert: Kontakt aufnehmen mit den verstorbenen Verwandten, denn sie bewachen unser Leben und gemeinsam mit den Geistern passen sie auf uns auf. Als wir Anfang des Jahres unseren Film drehten waren wir natürlich auch auf der Suche nach den Schamanen. Aber hier am Nordbaikal gibt es keinen mehr. Vor ein paar Jahren ist der letzte verstorben. Um trotzdem etwas über diese fremde Religion und Kultur zu erfahren, nahmen wir damals das Angebot an und besuchten eine Zeremonie von zwei weiblichen Schamanen in der Hauptstadt Burjatiens in Ulan-Ude. Reiner war mit der Kamera beschäftigt, Steffen mit dem Ton. Ich konnte mich auf das Geschehen einlassen. Doch irgendwie blieb das alles sehr merkwürdig. Ich hatte die ganze Zeit das Gefühl, einem Spektakel für Touristen beizuwohnen. Vielleicht ist das ungerecht. Vielleicht nahmen die Schamanen tatsächlich Kontakt mit ihren verstorbenen Vorfahren auf. Vielleicht war die tiefe Stimme, mit der eine der Frauen sprach, wirklich eine Nachricht ihres Großvaters aus einer anderen Welt. Daran glauben konnte ich nicht. Ich fühlte mich merkwürdig. Als eine der Schamaninnen mich aufforderte, auf die Knie zu gehen und mir mit einem rituellen Glockenstab über den Rücken strich, war ich erstaunt, wie heiß der Stab war. Es verunsicherte mich etwas, aber es faszinierte mich nicht.

In Berlin hatte ich auch eine sibirische Schamanin getroffen. Sie erzählte von ihrer Berufung, ihrer Aufgabe. Das hatte mich weitaus mehr beeindruckt als die Vorführung der Frauen in Burjatien.

In unseren Film haben es die Bilder nicht geschafft. Auch weil es keine ewenkischen Schamanen waren, sondern burjatische.

Hier am Ufer des Baikalsees, am Feuer mit den Halbewenken Anatoli, Natalia, Valentina und Tonja, fühle ich mich den alten Geistern weitaus näher.

Natalia fordert mich auf, zum Wasser zu gehen und mit Burchan zu sprechen.

Ich stapfe also durch den Schnee und stehe am Rand der riesigen Eisfläche. Viel kann ich nicht sehen, denn hier ist außer unserem Lagerfeuer keine einzige Lichtquelle. Aber ich spreche mit dem stummen Gott und habe viele Wünsche an ihn. Möge es ein Wiedersehen geben mit dem Mann, der mich so bewegt. Zu dem ich mich hingezogen fühle, als ob er ein Teil von mir wäre. Ich weiß unterdessen, dass da viele Probleme lauern, aber meine Träume und Wünsche fürs nächste Jahr sind so klar und eindeutig wie schon lange nicht mehr. Ich möchte mit Tolja zusammen sein dürfen, ich möchte ihm meine Welt zeigen und ich möchte auch wieder hierherkommen. Ich nehme mir ganz fest vor, das mit seiner Reise nach Deutschland zu versuchen, auch wenn ich weiß, dass es kaum eine Chance auf ein Visum für ihn gibt. Burchan wird helfen, da bin ich mir in dieser stockdunklen, kalten Nacht am Baikal ganz sicher.

Der Abreisetag ist gekommen. Ich weiß nicht, wie ich mich fühle. Ich kann es nicht beschreiben. Valentina bringt uns zum Flughafen. Keine zehn Minuten mit dem Auto.

Dort warten Tolja und ich gemeinsam auf den Abschied. Wir reden kaum. Was sollen wir auch besprechen. Alle Pläne für die Zukunft hängen von irgendwelchen Behörden, Konsulaten und vom Geld ab. Das sind keine Themen für die letzten Minuten, die wir haben. Wir sitzen auf den unbequemen Stühlen in der schmucklosen Halle und halten uns fest.

Tolja ist beeindruckt, wie ich die Sache mit dem Gepäck kläre. Habe ich von unserer Dolmetscherin Tatjana gelernt. Eigentlich darf man in die kleine Cessna nur zehn Kilogramm Gepäck pro Person mitnehmen. Meine Tasche wiegt knapp neun Kilo. Der Rucksack auf meinem Rücken auch, aber den setze ich einfach während der Kontrolle gar nicht ab und nehme ihn so ungewogen mit ins Flugzeug. Das funktioniert sicher auch nur an einem so winzig kleinen Flughafen.

Tolja winkt und lächelt über meinen Mut und dann bin ich allein. Ich sitze in dem kleinen Warteraum, beobachte die Einheimischen und versuche nicht zu weinen.

Strahlender Sonnenschein, ein traumhafter Flug, ein fantastischer Blick auf die schneebedeckten Berge. Tiefe Trauer und Hilflosigkeit. Ich versuche stark zu sein. Ich weine nicht und bin erstaunt darüber.

Ist es ein Ende, oder ist es ein Anfang?

Danksagung

Bedanken möchte ich mich beim rbb und beim Filmbüro Potsdam. Sie haben mir ermöglicht, den Film zu machen, und das war der Anfang.

Der Anfang von einer spannenden, schönen und traurigen Zeit. So viele Menschen haben mich dabei begleitet. Manche waren Zuhörer, Mutmacher, Kummerkasten, Ratgeber oder Geldgeber. Allen möchte ich danken und mich bei denen entschuldigen, die ich mit allem genervt habe.

Es ist keine fiktive Geschichte. Alles, was in diesem Buch steht, habe ich so erlebt. Manches habe ich weggelassen. Es ist schon privat genug.

Und wen es interessiert, wie meine Geschichte weitergegangen ist, der kann mich einfach fragen. Denn es gibt eine Fortsetzung. Wenn auch nicht ganz so, wie von mir erhofft.

Wer einmal nach Sibirien reisen möchte und ein ganz individuelles Abenteuer plant, der darf gern an Tatjana schreiben. Sie wird mit ihrem kleinen Reisebüro eine ganz wunderbare Reise organisieren, ob zum Baikalsee, zur Rentierfarm oder zum Fischen. Alles ist möglich: *www.sibtimes.ru*

Die Fortsetzung der berührenden Reise- und Liebesgeschichte einer 8000-km-Fernbeziehung (»*Das Rentier in der Küche*«)

»Mich hatte Sibirien verführt. Mit Gastfreundschaft, Liebe und Geborgenheit. Kälte und Einsamkeit – Begriffe die andere für dieses Land sofort aus der Schublade holen, galten für mich nicht. Und doch gibt es sie, die Einsamkeit. Selbstverständlich gibt es sie. Nicht nur weil das Land so weit ist, sondern weil es Einsamkeit überall gibt. Auch in der Menge. Trotzdem werde ich mit Sibirien immer etwas anderes verbinden – Liebe.«

Britta Wulf :
**Und der Schamane lacht
Verliebt in Sibirien**
2. Aufl. Solibro Verlag 2019
[solibro originär Bd. 5]
ISBN 978-3-96079-047-1
Broschur • 256 Seiten
als eBook:
eISBN 978-3-96079-048-8 (epub)

mehr **Infos & Leseproben:**
www.solibro.de

Eine verbotene Liebe und ein gefährliches Kunstwerk, das Opfer fordert ...

»Kallänes Debütroman ist ein spannendes, kurzweiliges Genrestückchen aus dem 17. Jahrhundert, das der Fantasie Freiraum lässt und überdies feinfühlig erzählt ist.«

Prof. Walter Gödden in: **Westfalenspiegel**

Wiebke Kalläne :
Apfelgelb
Die heimliche Liebe des Malers
Solibro Verlag 1. A. 2019
[Historoman Bd. 3]
ISBN 978-3-96079-067-9
Gebunden • 176 Seiten
als eBook:
eISBN 978-3-96079-068-6 (epub)

mehr Infos & Leseproben:
www.solibro.de

»... wunderbares Buch mit den schönen Zeichnungen von André Kröker ...«

Lisa

Was haben Hundertjährige zu erzählen?

Ganz viel. Ein so langes Leben bringt einen großen Schatz an Erfahrungen mit sich. Rei Gesing hat mit »Methusalems« aus ganz Deutschland gesprochen und ihnen die großen Fragen des Lebens gestellt.

Rei Gesing / André Kröker:
Die Weisheit der 100-Jährigen. 7 Fragen an die ältesten Menschen Deutschlands. Mit einem Vorwort von Simone Rethel-Heesters
Solibro Verlag 1. A. 2018
[MonoLit Bd. 1]
ISBN 978-3-96079-061-7
Gebunden • 166 Seiten • 41 Zeichnungen • 36 Fotos

mehr **Infos & Leseproben:**
www.solibro.de

»Gefährlich ist's, den Leu zu wecken/ Verderblich ist des Tigers Zahn / Jedoch der schrecklichste der Schrecken / Das ist der Mensch in seinem Wahn.«

(Friedrich Schiller)

»Sehr anregende Zitate. Sie zeigen ex negativo deutlich, was heute schiefläuft.«

Dr. Hans-Georg Maaßen,
Präsident des BfV a. D.

»Die treffenden Zitate angesehener Persönlichkeiten können auch Zeitgenossen zum Nachdenken bringen, die dies bislang eher unterlassen haben. Genial ausgewählt.«

Professor Dr. Max Otte

André Lecloux:
**Treffer. Versenkt.
Bemerkenswerte Zitate
bemerkenswerter
Persönlichkeiten**
Solibro Verlag 2022
[MonoLit Bd. 3]
ISBN 978-3-96079-090-7
Gebunden • 144 farb. Seiten

mehr Infos & Leseproben:
www.solibro.de

**Gewidmet
allen Müttern,
die ihre Kinder
herzlich lieben. Eine
Rehabilitation der
Mutter Friedrich
Hölderlins**

»Sie schaffen es, den inspirierenden Briefen der Johanna Gock so viel Empathie mitzugeben, dass sie sich lesen, als wären sie authentisch und als wäre auch das zeitliche Gefälle zwischen damals und heute nicht vorhanden. (....) Glaubwürdiger kann eine Ehrenrettung nicht ausfallen.«

Dr. Volker Michels
(ehem. Suhrkamp-Lektor und Hesse-Herausgeber)

Ulrike Mross • Friedrich Hölderlin:
Verehrungswürdigste Mutter - Mein lieber Fritz Briefwechsel zwischen Friedrich Hölderlin und seiner Mutter Johanna Gock
1. Aufl. Solibro Verlag 2020
[MonoLit Bd. 2]]
ISBN 978-3-96079-082-2
Broschur • 360 Seiten
als eBook:
eISBN 978-3-96079-083-9 (epub)

mehr **Infos & Leseproben:**
www.solibro.de